Publicações FGV Management

SÉRIE GESTÃO EMPRESARIAL

Gestão estratégica da tecnologia da informação

Luiz Antonio Joia
André Antunes Nogueira da Silva
Cid Carvalho Miranda Junior
Eduardo Augusto de Andrade Ramos

FGV management
FGV EDITORA

Direitos desta edição reservados à
EDITORA FGV
Rua Jornalista Orlando Dantas, 37
22231-010 – Rio de Janeiro, RJ – Brasil
Tels.: 0800-021-7777 – 21-3799-4427
Fax: 21-3799-4430
e-mail: editora@fgv.br – pedidoseditora@fgv.br
web site: www.fgv.br/editora

Impresso no Brasil / *Printed in Brasil*

1ª edição – 2012; 1ª reimpressão – 2012; 2ª e 3ª reimpressões – 2013; 4ª reimpressão – 2014.

Revisão dos originais: Sandra Frank

Editoração eletrônica: FA Editoração

Revisão: Eduardo Carneiro Monteiro e Fatima Caroni

Capa: aspecto:design

Ilustração de capa: Anderson Barros

Joia, Luiz Antonio.
Gestão estratégica da tecnologia da informação / Luiz Antonio Joia...[et al.]. – Rio de Janeiro : Editora FGV, 2012.
176 p. – (Gestão empresarial (FGV Management))

Em colaboração com: André Antunes Nogueira da Silva, Cid Carvalho Miranda Junior, Eduardo Augusto de Andrade Ramos.
Publicações FGV Management.
Inclui bibliografia
ISBN: 978-85-225-0967-6

1. Tecnologia da informação. 2. Planejamento estratégico. I. Antunes, André. II. Miranda, Cid. III. Ramos, Eduardo. IV. FGV Management. V. Fundação Getulio Vargas. VI. Título. VII. Série.

CDD-658.4012

Aos nossos alunos e aos nossos colegas docentes,
que nos levam a pensar e a repensar as nossas práticas.

Sumário

Apresentação

Este livro compõe as Publicações FGV Management, programa de educação continuada da Fundação Getulio Vargas (FGV).

Instituição de direito privado com mais de meio século de existência, a FGV vem gerando conhecimento por meio da pesquisa, transmitindo informações e formando habilidades por meio da educação, prestando assistência técnica às organizações e contribuindo para um Brasil sustentável e competitivo no cenário internacional.

A estrutura acadêmica da FGV é composta por nove escolas e institutos: a Escola Brasileira de Administração Pública e de Empresas (Ebape), dirigida pelo professor Flavio Carvalho de Vasconcelos; a Escola de Administração de Empresas de São Paulo (Eaesp), dirigida pela professora Maria Thereza Leme Fleury; a Escola de Pós-Graduação em Economia (EPGE), dirigida pelo professor Rubens Penha Cysne; o Centro de Pesquisa e Documentação de História Contemporânea do Brasil (Cpdoc), dirigido pelo professor Celso Castro; a Escola de Direito de São Paulo (Direito GV), dirigida pelo professor Oscar Vilhena

Vieira; a Escola de Direito do Rio de Janeiro (Direito Rio), dirigida pelo professor Joaquim Falcão; a Escola de Economia de São Paulo (Eesp), dirigida pelo professor Yoshiaki Nakano; o Instituto Brasileiro de Economia (Ibre), dirigido pelo professor Luiz Guilherme Schymura de Oliveira; e Escola de Matemática Aplicada (EMAp), dirigida pela professora Maria Izabel Tavares Gramacho. São diversas unidades com a marca FGV, trabalhando com a mesma filosofia: gerar e disseminar o conhecimento pelo país.

Dentro de suas áreas específicas de conhecimento, cada escola é responsável pela criação e elaboração dos cursos oferecidos pelo Instituto de Desenvolvimento Educacional (IDE), criado em 2003 com o objetivo de coordenar e gerenciar uma rede de distribuição única para os produtos e serviços educacionais da FGV, por meio de suas escolas. Dirigido pelo professor Clovis de Faro e contando com a direção acadêmica do professor Carlos Osmar Bertero, o IDE engloba o programa FGV Management e sua rede conveniada, distribuída em todo o país (ver www.fgv.br/fgvmanagement), o programa de ensino a distância FGV Online (ver www.fgv.br/fgvonline), a Central de Qualidade e Inteligência de Negócios e o Programa de Cursos Corporativos In Company. Por meio de seus programas, o IDE desenvolve soluções em educação presencial e a distância e em treinamento corporativo customizado, prestando apoio efetivo à rede FGV, de acordo com os padrões de excelência da instituição.

Este livro representa mais um esforço da FGV em socializar seu aprendizado e suas conquistas. Ele é escrito por professores do FGV Management, profissionais de reconhecida competência acadêmica e prática, o que torna possível atender às demandas do mercado, tendo como suporte sólida fundamentação teórica.

A FGV espera, com mais essa iniciativa, oferecer a estudantes, gestores, técnicos — a todos, enfim, que têm internalizado o conceito de educação continuada, tão relevante nesta era do conhecimento — insumos que, agregados às suas práticas, possam contribuir para sua especialização, atualização e aperfeiçoamento.

Clovis de Faro
Diretor do Instituto de Desenvolvimento Educacional

Ricardo Spinelli de Carvalho
Diretor Executivo do FGV Management

Sylvia Constant Vergara
Coordenadora das Publicações FGV Management

Introdução

Todos nós trabalhamos usando tecnologia da informação (TI). Realizamos transações bancárias pela internet, enviamos e recebemos mensagens de correio eletrônico, elaboramos e imprimimos planilhas e documentos de texto, usamos variados sistemas de informação para as operações da nossa área, lemos livros e publicações eletrônicas, entre outras aplicações. E, com os computadores portáteis e celulares inteligentes, a TI é cada vez mais presente no nosso dia a dia.

Como a TI é cada vez mais ubíqua, aumenta também a preocupação com sua adequada utilização. Acessar indiscriminadamente sites na internet pode diminuir nossa produtividade pessoal. Utilizar sistemas de informação mal-implantados ou inadequados pode atrapalhar a obtenção dos resultados esperados de um processo. Fornecer novíssimos computadores portáteis para a força de vendas pode demandar um investimento alto e ter uma taxa de retorno decepcionante.

Por outro lado, é comum ouvirmos casos de grandes melhorias nos resultados de uma empresa, instituição ou organização pública com a adoção de algum sistema ou infraestrutura de TI. Em algumas situações empresariais, são melhorias tão significativas que geraram uma vantagem competitiva sustentável.

Saber utilizar adequadamente a TI já merece atenção e estudo cuidadoso. Porém, como conseguir resultados significativos com a TI, seja na inovação de algum processo produtivo ou na criação de um novo produto? Como gerir a informação e suas tecnologias associadas de forma estratégica, visando à melhoria substancial de desempenho de uma empresa, na busca de vantagens competitivas mais sustentáveis? Responder a estas perguntas é o objetivo deste livro.

Este livro está estruturado em quatro capítulos. O primeiro, denominado "Gestão estratégica da TI: histórico e estratégias básicas", descreve a evolução das ideias sobre a relação entre TI e negócios, desde o primeiro artigo significativo a respeito, em 1973. Termina apresentando uma proposta de decomposição do problema de gestão estratégica da TI em três estratégias básicas, facilitando o seu entendimento e também indicando os processos gerenciais necessários para que todos os aspectos do problema sejam lembrados e tratados.

No segundo capítulo, denominado "Redesenho de processos via tecnologia da informação e resistência a sistemas de informação", trata-se da importância de processos na gestão estratégica de TI. Mostramos que são os processos que conferem vantagem competitiva às empresas, e não as tecnologias da informação. Além disso, especificamos uma metodologia abrangente para o redesenho de processos usando TI, assim como todas as dificuldades para implantar o novo processo inovado. Finalmente, neste segundo capítulo, apresentamos as causas fundamentais que explicam a resistência dos funcionários e empresas ao uso e implantação de novos sistemas de informação.

No terceiro capítulo, "Tecnologias e sistemas de informação: uma abordagem gerencial", tratamos das tecnologias da informação e de suas aplicações ao mundo de negócios. Analisamos desde o comércio eletrônico até sistemas ERP e CRM, passando pelas tecnologias web-EDI, intranet, extranet, *business intelligence*, entre outras. O enfoque deste capítulo é gerencial, evitando-se as tecnicalidades excessivas, que afastariam o leitor oriundo da área de negócios desta seção.

Por fim, no quarto e último capítulo, denominado "Alinhamento estratégico da TI", avaliamos o nível de maturidade TI/negócios das empresas, por meio de metodologia adequada. Da mesma forma, estudamos o conceito de governança corporativa de TI, os principais *frameworks* de governança corporativa de TI, a estrutura organizacional da área, as principais funções desempenhadas pelos seus profissionais, assim como o papel fundamental do CIO (*chief information officer*) — responsável maior pela área de TI de uma organização.

Ao final, terminamos o livro com conclusões acerca do que nos propusemos estudar — o impacto da tecnologia da informação na gestão das organizações e como o gerenciamento adequado da TI pode levar as empresas à vantagem competitiva — e incluímos, como anexo, uma planilha para avaliação do alinhamento estratégico de TI nas empresas.

1

Gestão estratégica da TI: histórico e estratégias básicas

Este primeiro capítulo começa descrevendo a evolução das ideias sobre a relação entre TI e negócios, desde o primeiro artigo significativo a respeito, em 1973. Ressaltaremos, na primeira seção, o caráter horizontal da TI, mostrando sua importância para as várias indústrias e para os vários setores de uma organização. Em seguida, apresentaremos como a evolução das tecnologias da informação, nestas últimas quatro décadas, foi acompanhada de um aumento na sua importância para as organizações. Nas duas seções seguintes, destacaremos a influência da TI nas propostas de gestão orientada a processos, movimento iniciado na década de 1990, e sua ligação com estratégia competitiva. Na última seção, apresentaremos uma proposta de decomposição do problema de gestão estratégica da TI em estratégias básicas e suas ligações com a estratégia da organização como um todo. O objetivo é fornecer entendimento sobre o problema, indicando os processos gerenciais necessários para que todos os seus aspectos sejam lembrados e tratados.

A importância da TI para as várias indústrias e atividades

Em 1973, Richard Nolan disse que os computadores foram introduzidos nas empresas como consequência do tamanho delas. Empresas grandes simplesmente não conseguiriam ter aquele tamanho, ou ainda crescer mais, com alguns de seus processos não sendo executados por computadores (Nolan, 1973). Ele cita, em especial, os processos administrativos, tais como os financeiros e contábeis ou simplesmente os de cadastro de informações — presentes em qualquer organização.

Já em 1985, Michael Porter e Victor Millar justificaram a importância da tecnologia da informação (TI) para qualquer indústria ou atividade, porque todo processo teria tanto um componente físico quanto um de processamento de informação. O componente físico inclui todas as tarefas físicas necessárias para executar tal processo. O componente de processamento de informação abrange os passos demandados para capturar, manipular e canalizar os dados necessários para executar tal processo (Porter e Millar, 1985).

Todo processo cria e usa informação de algum tipo. Uma atividade de logística, por exemplo, usa informações tais como previsões de agendamento, valores de frete e planos de produção para assegurar uma entrega dentro do custo e do prazo. Uma atividade de pós-venda usa informações sobre pedidos de assistência para agendar atendimentos e comprar componentes, gerando informações sobre falhas de produto, que a empresa pode usar para revisar os respectivos projetos e seus métodos de fabricação.

Os componentes físicos e de processamento de informação podem ser simples ou razoavelmente complexos. Além disso, processos diferentes podem demandar uma mistura diferente destes dois componentes. Por exemplo, a fabricação de chapas metálicas usa mais processamento físico do que processamento de informação; já o processamento de sinistros de seguros demanda uma combinação oposta.

Na maior parte da história industrial, o progresso tecnológico afetou, principalmente, o componente físico daquilo que as empresas fazem. Durante a Revolução Industrial, empresas conseguiram vantagens competitivas substituindo máquinas por pessoas. Processamento de informação, naquela época, era majoritariamente o resultado do trabalho humano.

Atualmente, o ritmo das mudanças tecnológicas se dá ao contrário. As tecnologias da informação estão avançando mais rapidamente do que as tecnologias para o processamento físico. Os custos de armazenamento, manipulação e transmissão de informação estão caindo rapidamente, e as barreiras do que é viável de ser feito em processamento de informação estão, ao mesmo tempo, se expandindo. Veja, por exemplo, nas figuras 1 e 2, como evoluiu — no intervalo de tempo entre a elaboração dos artigos "How information gives you competitive advantage" (Porter e Millar, 1985) e "Strategy and the internet" (Porter, 2001) — a visão do próprio Porter sobre os impactos da TI na cadeia de valor de uma empresa.

A TI não apenas afeta como atividades individuais são executadas, mas, por meio de novos fluxos de informação, aumenta grandemente a capacidade de uma empresa explorar ligações entre atividades, ocorrendo dentro ou fora da empresa.

Figura 1

A TI PERMEIA A CADEIA DE VALOR

Atividades de apoio	Infraestrutura da empresa	Modelos de planejamento					
	Gestão de recursos humanos	Agendamento automático de pessoal					
	Desenvolvimento da tecnologia	CAD/CAM		Pesquisa de mercados eletrônicos			
	Compras	Compra on-line de insumos					
		Estoque automatizado	Fabricação flexível	Processamento automático de pedidos	Telemarketing Terminais remotos para vendedores	Manutenção e suporte remoto de equipamentos Agendamento e roteirização computadorizados de caminhões de conserto	
		Logística de entrada **Atividades primárias**	Operações	Logística de saída	Marketing e vendas	Pós-venda	**Margem**

Fonte: Adaptado de Porter e Millar (1985:153).

Figura 2

Aplicações relevantes da internet na cadeia de valor

Infraestrutura da empresa:
- sistemas financeiros e ERP distribuídos, *web-based*;
- relações com investidores on-line (*e.g.* disseminação de informações, transmissão de teleconferências).

Gestão de recursos humanos:
- administração de pessoal e benefícios por autosserviço;
- treinamento on-line;
- disseminação e compartilhamento pela internet de informações da empresa;
- prestação de contas eletrônica de despesas e tempo trabalhado (*time-sheet*).

Desenvolvimento de tecnologia:
- desenvolvimento colaborativo de produtos entre vários lugares e participantes do sistema de valor;
- repositórios de conhecimento acessíveis de todas as partes da organização;
- acesso em tempo real de P&D a informações on-line de vendas e pós-venda.

Compras:
- planejamento de demanda internet-*enabled*;
- outra conexão de sistemas de compras, estoque e *forecasting* com os fornecedores;
- "ordem de pagamento" automática;
- compras diretas e indiretas via mercados, bolsas, leilões e outros sistemas de "casamento" comprador/vendedor.

Logística de entrada:
- agendamento, transporte, gestão de estoque e planejamento e gestão de demanda integrados entre a empresa e seus fornecedores e em tempo real;
- disseminação pela empresa de dados em tempo real de insumos entrando ou despachados.

Operações:
- troca de informações, agendamento e tomada de decisão integrada em operações próprias, montadores terceirizados e fornecedores de insumos;
- informações em tempo real de disponibilidade e capacidade de produção para força de vendas e canais.

Logística de saída:
- processamento em tempo real de pedidos iniciados por um consumidor final, um vendedor ou um canal;
- automação de cláusulas customizadas de contratos de venda;
- acesso por clientes e canais do status de desenvolvimento e entrega de produtos;
- integração colaborativa com sistemas de *forecasting* dos clientes;
- gestão integrada de canais, incluindo troca de informações, pedidos de garantia e gestão de contratos (controle de versão, controle do processo).

Marketing e vendas:
- canais on-line de vendas incluindo sites web e mercados eletrônicos;
- acesso interno e externo, em tempo real, a informações de clientes, catálogos de produtos, precificação dinâmica, disponibilidade de estoque e cadastro automático de propostas e pedidos;
- configuradores on-line de produtos;
- marketing personalizado via mapeamento de dados de clientes;
- acesso on-line customizado;
- *feedback* de clientes em tempo real através de pesquisas web, marketing *opt-in/opt-out* e acompanhamento de respostas a promoções.

Serviços pós-venda:
- suporte on-line por atendentes de pós-venda usando sistemas de gestão de e-mails, cobrança integrada, *co-browse*, *chat*, *"call me now"*, *voice-over-IP* e outros usos de *streaming* de vídeo;
- autosserviço através de sites web e processamento inteligente de requerimentos de pós-venda, incluindo atualização de dados de cobrança e transporte;
- acesso em tempo real dos atendentes de pós-venda ao cadastro de clientes, disponibilidade, pedido e gestão de componentes e atualização de ordens de serviço.

← Gestão on-line da cadeia de fornecimento (SCM) →

Fonte: Porter (2001:15).

Como ilustrado na figura 2, as tecnologias da informação (especialmente após a popularização da internet) têm permitido novas ligações entre atividades, e as companhias podem, agora, coordenar mais de perto suas ações com seus compradores e fornecedores.

O crescimento histórico da importância da TI

O crescimento histórico da importância da TI não é apenas uma consequência da expansão das suas capacidades e do decréscimo dos seus custos, tal como Porter e Millar (1985) apontam. É também uma consequência do aumento do componente informacional nos produtos.

Eletrodomésticos e carros, por exemplo, têm cada vez mais partes eletrônicas, permitindo controles sofisticados baseados em sistemas de informação. Seja para facilitar sua manutenção, seja acrescentando funcionalidades, tais como painéis digitais e mensagens em voz, esta tendência tem se tornado cada vez mais visível para seus usuários. Muito em breve será comum todos esses produtos terem acesso à internet, com mais funcionalidades associadas.

Há também, cada vez mais, produtos que não têm componente físico algum. Exemplos comuns disto, hoje em dia, são as músicas, os vídeos e os livros.

A TI gera mais dados à medida que um produto é usado ou uma empresa executa suas atividades, permitindo a coleta e captura de informações que não estavam anteriormente disponíveis. Esta maior disponibilidade de dados incentiva a adoção de outras tecnologias da informação para analisá-los e usá-los. Nolan usou o termo "contágio" ao comentar este efeito (Nolan, 1973).

Também em 1985, mesmo ano do primeiro artigo de Porter a respeito do uso estratégico da TI nas organizações, James

Cash e Benn Konsynski apresentaram outras duas causas do crescimento histórico da TI. A primeira seria a necessidade de uma troca de informações mais rápida e confiável, como consequência de mercados, produtos e serviços atravessando rápidas mudanças. Estão inclusos nesta argumentação os novos competidores internacionais (com diferentes estruturas de custos), a decrescente separação geográfica, maior abertura de mercados e menores barreiras regulatórias — fatores especialmente críticos após a II Guerra Mundial (Cash e Konsynski, 1985).

A segunda causa, em grande parte consequência da primeira, seria a evolução dos padrões e protocolos não advindos de políticas governamentais, mas sim de grupos de empresas e instituições interessadas em facilitar negócios ou apenas em ter colaboração mútua. Um exemplo disso é o padrão de banda magnética em cartões de débito e crédito usados em caixas automáticos no varejo bancário. Outro exemplo mais recente são os protocolos de comunicação da internet, como TCP/IP, SMTP, HTTP. Padrões como estes facilitam a adoção de dispositivos e sistemas de informação através de cada vez mais empresas e instituições interessadas em participar das redes associadas aos mesmos.

Na verdade, independentemente de padrões ou protocolos, o crescimento da adoção da TI alimenta o seu próprio crescimento. Se o principal cliente de uma empresa adota um sistema de informações para automatizar suas compras, certamente essa empresa será impelida a adotar tecnologias da informação compatíveis. O mesmo acontece analogamente no caso de um fornecedor importante que automatizou suas vendas.

A importância da TI para a orientação a processos

Neste momento você, leitor, pode estar pensando: "Tudo bem, eu concordo com a importância da TI e com os exemplos citados pelos acadêmicos. Mas eu não trabalho na área de TI. Assim, por que tenho de me preocupar com isso? Por que não deixar isso a cargo dos especialistas?"

Não podemos culpá-lo por pensar assim. Seja recebendo metas ou não, todo gestor tem responsabilidades por manter ou melhorar resultados. Na verdade, é comum ter ambas as responsabilidades: gerenciar rotinas (processos) para manter resultados e criar e gerenciar planos de ação para alcançar as melhorias desejadas. E para não regredir em uma melhoria, ainda tem que se preocupar em atualizar o processo subjacente, para que tal melhoria possa se perpetuar.

Se concordarmos com o que Porter e Millar (1985) disseram sobre todo processo ter um componente de processamento de informação, pode ser recomendável não só aos especialistas, mas também a você, gestor, se envolver mais na gestão das tecnologias da informação. Este envolvimento pode se dar inicialmente apenas para controlar riscos, mas tende a ser especialmente relevante se você precisa melhorar resultados por meio da inovação de processos.

Foi durante a década de 1990 que essa relação estreita entre inovação de processos e TI explicitou-se bastante. Logo em meados de 1990, Michael Hammer — famoso posteriormente como o criador da reengenharia — publicou, na também famosa *Harvard Business Review*, o artigo "Reengineering work: don't automate, obliterate", em que ele pregou que "gestores podem liberar a verdadeira força dos computadores ao desafiar noções de séculos atrás sobre o trabalho; [...] usem computadores para redesenhar — não apenas automatizar — processos existentes" (Hammer, 1990:104).

O que muitas pessoas não sabem é que o guru Michael Hammer não só era engenheiro, mas também era PhD em ciência da computação e professor do Departamento de Ciência da Computação no Massachusetts Institute of Technology

(MIT) quando publicou esse artigo. Isso certamente facilitou seu entendimento sobre a crescente importância da TI para as organizações.

Processos de negócios já eram assunto importante desde o movimento da qualidade total, décadas antes, sem, porém, uma conexão com TI. Já a *business process reengineering* (BPR), ou reengenharia dos processos de negócios, posicionou a TI como a grande propiciadora de novas formas de trabalho e colaboração dentro de uma organização e sobre fronteiras organizacionais (Hammer, 1990). Um exemplo desse poder, segundo o autor, é o caso clássico de inovação do processo de contas a pagar da Ford Motor Company.

No início da década de 1980, quando a indústria automobilística americana estava em depressão, a alta administração da Ford decidiu analisar criticamente o departamento de contas a pagar — junto com vários outros departamentos —, buscando oportunidades de corte de custos. Este departamento empregava mais de 500 pessoas, apenas na América do Norte. Segundo Hammer (1990), uma visão tradicional de racionalização e automação de processos permitiria uma redução de pessoal na ordem de 20%.

Ao comparar sua empresa com a concorrente japonesa Mazda, os gerentes da Ford viram que sua perspectiva de economia era muito modesta: analisando-se proporcionalmente o tamanho de cada empresa, a equipe de contas a pagar da Mazda era cinco vezes menor. Com isso, eles estabeleceram uma meta mais agressiva de redução de pessoal: a equipe de contas a pagar da Ford deveria trabalhar com centenas de pessoas a menos. E partiram para alcançá-la.

Primeiro, os gerentes analisaram o processo existente. Quando o departamento de compras da Ford preenchia uma ordem de compra, enviava uma cópia para contas a pagar. Depois, quando o controle de materiais recebia os produtos, enviava uma cópia do documento de recebimento para contas a pagar. Enquanto isso, o fornecedor enviava uma fatura também para contas a pagar. Era então atribuição de contas a pagar conciliar a ordem de compra com o documento de recebimento e com a respectiva fatura. Combinando os três, o departamento emitia o pagamento.

Você deve imaginar, portanto, no que a maior parte do tempo de contas a pagar era despendida: nas situações em que os três documentos não eram coerentes entre si. Nesses casos, um assistente de contas a pagar retinha o pagamento enquanto investigava a discrepância.

Uma maneira de melhorar o processo seria ajudar o assistente de contas a pagar a investigar essas anomalias de forma mais eficiente, mas uma escolha ainda melhor seria, antes de qualquer coisa, buscar evitar tais discrepâncias. Com este objetivo, a Ford estabeleceu o processamento sem fatura, ou seja, quando o departamento de compras iniciava um pedido, ele entrava com a informação num sistema on-line e não enviava mais uma cópia da ordem de compra para ninguém. Quando os produtos chegavam, o assistente do controle de materiais verificava no sistema se eles correspondiam a alguma ordem de compra em aberto. Se sim, ele os aceitava e colocava a transação no sistema, ou seja, se o controle de materiais não achasse um registro no banco de dados para aquele produto recebido, simplesmente o devolvia.

Pelo processo antigo, o departamento de contas a pagar tinha de combinar 14 campos de dados do registro de recebimento, ordem de compra e fatura antes de emitir um pagamento para o fornecedor. Com a nova abordagem, só era necessário combinar três campos de dados: código do produto, unidade de medida e código do fornecedor (da ordem de compra e do registro de recebimento). A correspondência era feita automaticamente, e o computador preparava a ordem de pagamento. Não havia mais faturas com que se preocupar, porque a Ford pediu a seus fornecedores que não mais as enviassem (veja as figuras 3 e 4, com ilustrações sobre o processo antigo e o novo).

Figura 3

O PROCESSO DE CONTAS A PAGAR DA FORD ERA LENTO E PESADO...

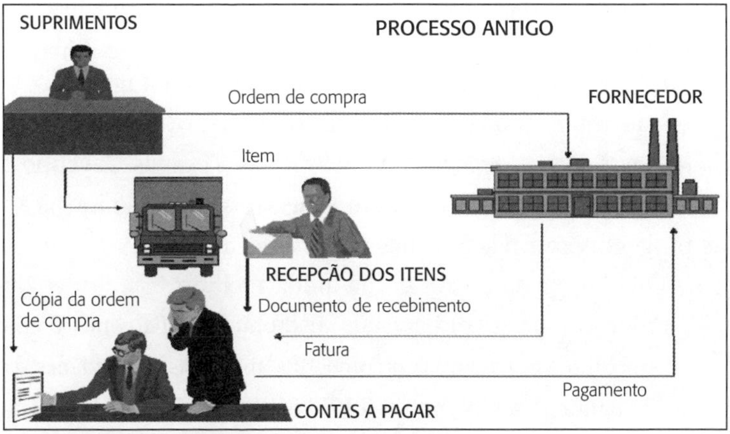

Fonte: Adaptado de Hammer (1990:106) e Joia (1994:13).

Figura 4

ATÉ QUE A FORD O REDESENHOU. AGORA ELE É RÁPIDO E EFICIENTE

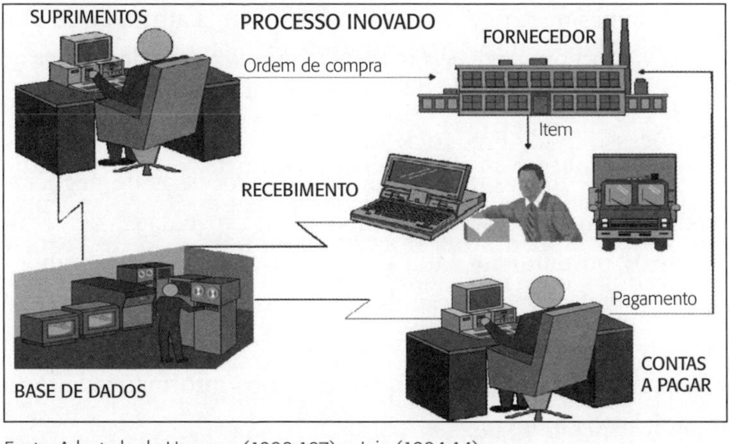

Fonte: Adaptado de Hammer (1990:107) e Joia (1994:14).

Ao final, a Ford conseguiu uma redução de pessoal de 75%, não os 20% primeiramente imaginados quando pensava em uma mudança convencional. E como não havia discrepâncias entre o registro financeiro e o registro físico, o controle de materiais era mais simples e as informações financeiras, mais precisas.

Uma pergunta: inovações como esta deveriam ser atribuição dos especialistas de TI ou dos gestores envolvidos nos processos? Certamente este é um exemplo de como a TI não pode ser assunto apenas para os especialistas da área tecnológica.

Na mesma época do artigo de Hammer, outros criadores da *business process reengineering* (BPR) — Thomas Davenport e James Short — publicaram um artigo relacionando inovação de processos com TI. Em suas palavras,

> aqueles [que estão] buscando melhorar a forma como algum trabalho é feito precisam começar a aplicar as capacidades da TI para redesenhar processos de negócios. TI e o desenho de processos de negócios são parceiros naturais, ainda que os engenheiros nunca tenham explorado essa relação [Davenport e Short, 1990:11].

No mesmo artigo, os autores chegaram a afirmar que TI e *business process reengineering* (BPR), ou redesenho de processos de negócios, eram, na época, as maiores ferramentas de inovação de processo desde Frederick Taylor.

É claro que a grande maioria dos processos de negócios da época tinha sido desenhada sem ter as capacidades da TI em mente. E, portanto, foi natural ser aquela uma época de grandes oportunidades de inovação de processos por meio da TI. Hoje em dia, as oportunidades não são tão fáceis, mas ainda existem em quantidade, tanto mais quanto menos informatizada for a organização em foco.

Por outro lado, hoje há muitos sistemas de informação prontos, que automatizam processos comuns de uma forma mais padronizada. Os sistemas de *customer relationship management* (CRM), por exemplo, automatizam processos de marketing, vendas e atendimento a clientes (pós-venda), trazendo grandes ganhos de eficiência sobre processos manuais (ver capítulo 3). Há, também, uma profusão de sistemas financeiro-contábeis que já trazem embutidos, de uma maneira bem similar ao caso da Ford, a automação de processos de compras, estoque e pagamentos.

Se você concordar em alterar seus processos para aderir aos previamente automatizados por esses sistemas prontos, seu foco será garantir uma implantação bem-sucedida de tal sistema.

Veremos como inovar os processos no segundo capítulo, e falaremos sobre esses sistemas aplicados às empresas no terceiro.

Davenport e Short (1990:12) também enfatizaram as oportunidades de inovação de processos interfuncionais, os que envolvem várias áreas de uma empresa: "A promessa da TI — e talvez seu maior impacto — é ser a mais poderosa ferramenta do século XX para redução de custos na coordenação de atividades interfuncionais".

Foi realmente nesse momento que a orientação para processos obteve seu grande sucesso, quando ajudou a migrar da visão funcional tradicional (vertical) para uma visão horizontal, de atendimento às necessidades dos clientes da organização e preocupação com os resultados. E não há dúvida de que a TI teve (e tem) um papel crucial na viabilização dessa orientação, fornecendo sistemas e infraestruturas integradoras das várias áreas de uma organização. Surge daí o termo sistemas integrados de gestão (ou *enterprise resource planning*), também conhecidos como ERPs, sobre os quais falaremos mais no terceiro capítulo deste livro.

Hoje em dia, essa visão orientada para processos, e de TI como sua principal viabilizadora, é ainda muito forte. O termo mais comum hoje é outro — *business process management* (BPM) —, mas as aplicações são similares.

A importância da TI para a competição empresarial

Se você percebeu a relevância de se preocupar com a TI e trabalha em uma empresa que atua em um mercado competitivo, há ainda mais por vir.

Na década de 1980, a TI ganhou a fama de permitir inovações tão significativas de processos, que as empresas chegaram a gerar vantagens competitivas razoavelmente duradouras a partir disso.

A liderança da japonesa Canon no mercado de fotocopiadoras de baixo custo durante aquela década (e depois com as impressoras *inkjet*), fruto de uma vantagem competitiva de custo, veio de um software que controlava o estoque e a seleção dos componentes para os operadores das linhas de montagem. Os operadores tinham cestos contendo todos os componentes necessários para cada modelo de copiadora (Porter e Millar, 1985).

Com o conceito de cadeia de valor, Porter (1985) já tinha chamado a atenção para o fato de que vantagens competitivas mais sustentáveis poderiam ser conseguidas explorando-se inovações não apenas sobre um macroprocesso específico, mas especialmente nas conexões de atividades entre macroprocessos. Além disso, reafirmou a importância das vantagens competitivas advindas de inovações em processos interorganizacionais — entre uma empresa e seus clientes e/ou fornecedores.

Cash e Konsynski (1985) escreveram um artigo cujo foco era esse. Eles citam, em especial, um dos exemplos mais famosos, na época, de vantagem competitiva pela TI: o das companhias aéreas American Airlines e United Airlines. Ambas investiram centenas de milhões de dólares para desenvolver e manter sistemas próprios de reservas de passagens aéreas (Sabre e Apollo), incluindo não só o software, mas também uma rede de telecomunicações subjacente. Na segunda metade da década de 1970, ambas as companhias começaram a introduzir seus sistemas nas agências de viagens, primeiro lidando apenas com seus voos, e depois passando a listar voos das principais companhias aéreas concorrentes.

As empresas concorrentes não tinham condições de bancar tamanho investimento no desenvolvimento e na manutenção de um sistema similar, e ainda tinham de pagar pela utilização do Sabre ou do Apollo. Como a ordem de exibição dos voos nas telas dos terminais favorecia as empresas donas dos respectivos sistemas e a grande maioria dos agentes de viagem recomendava e reservava os voos que apareciam primeiro, a American Airlines e a United Airlines desfrutaram anos de grande domínio de mercado, mesmo após uma interferência do governo norte-americano.

Por outro lado, já nos anos 1980 havia ficado claro para os estrategistas que TI tinha influência suficiente para alterar as bases da competição em algumas indústrias. Vários exemplos disto decorrem dos muitos sistemas que surgiram para conectar compradores e fornecedores. A Xerox, por exemplo, disponibilizou, de forma eletrônica, dados do seu processo fabril para seus fornecedores, ajudando-os na entrega correta de materiais. Já para acelerar o seu cadastro de pedidos de compra, a Westinghouse forneceu aos clientes terminais de acesso ao seu sistema interno. Tais sistemas aproximaram mais as empresas de seus fornecedores ou clientes, aumentando os custos de mudança e alterando a relação de forças (Porter e Millar, 1985).

Com a entrada das empresas na internet na década de 1990, oportunidades de vantagem competitiva pela TI tornaram-se possíveis para cada vez mais e menores empresas.

Com mais um clássico artigo em 2001, no auge da bolha da internet, Porter (2001) ratificou o potencial estratégico da TI. O autor descreveu como a internet, em várias indústrias, transferia poder para os consumidores, diminuindo o potencial de lucratividade de empresas desses setores.

Nesse mesmo artigo, Porter também afirmou que conseguir vantagens competitivas pela TI ficou mais difícil com a internet. Basicamente, ele disse que o desenvolvimento de aplicações na TI pré-internet era mais complexo e caro. Se por um lado isso significava ser mais difícil conseguir uma vantagem competitiva pela TI, também era mais difícil um concorrente imitar algum sistema de informações arduamente construído. Ele afirmou que os padrões abertos da internet, combinados com os avanços em arquitetura de software, ferramentas de desenvolvimento e modularidade, tornaram mais fácil para empresas projetar e implementar sistemas. Com isso, mais difícil seria sustentar vantagens obtidas por algum sistema especialmente desenvolvido. A figura 5 explicita isso.

Dois anos depois, Nicholas Carr (2003) foi mais radical. Em seu artigo "IT doesn't matter", ele comparou a evolução temporal das tecnologias da informação com a de outras tecnologias — como as rodovias e a energia elétrica — e defendeu que, progressivamente, seria mais fácil e rápido copiar alguma melhoria advinda da TI. Isso a tornava cada vez menos relevante para a busca de vantagens competitivas sustentáveis.

Ele recomendou, então, que as empresas focassem não em oportunidades, mas sim em riscos no uso da TI, e que não buscassem inovar por meio da TI, mas sim apenas monitorar e seguir investimentos de sucesso feitos por seus concorrentes.

Estas suas afirmações geraram muita polêmica e reações, especialmente entre os executivos e fornecedores de TI. É provável que ele tenha exagerado nas conclusões, não atentando, em suas comparações, para as peculiaridades e complexidades das tecnologias da informação.

De qualquer maneira, seja para buscar obter vantagens competitivas explorando oportunidades ou para não ter desvantagens competitivas mitigando riscos, é fato que a TI hoje é tão importante a ponto de fazer parte da agenda estratégica do corpo dirigente de qualquer empresa atuante em mercados competitivos.

Figura 5

Como a internet influencia a estrutura industrial

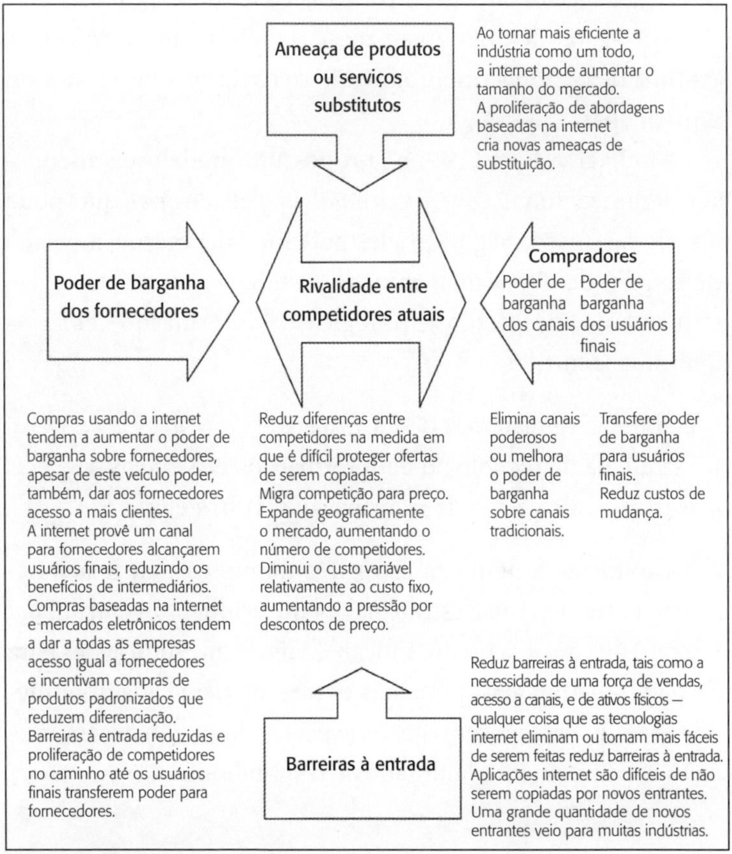

Fonte: Adaptado de Porter (2001:6).

Após entendermos como a TI influencia a competição nos vários setores produtivos, podemos, na próxima seção, analisar as várias estratégias associadas à TI e detalhar como elas se alinham à estratégia de uma corporação.

As estratégias associadas à TI

Com tantas sutilezas, além da dificuldade no acompanhamento da rápida evolução das tecnologias da informação, como conhecer todos os aspectos envolvidos na boa gestão estratégica da TI? Em outras palavras, assumindo que você seja o gerente-geral de uma organização, com que questões você e seu time de gestores (incluindo não só os da área de TI) devem se preocupar?

Michael J. Earl (1996b) propôs um modelo de adequação organizacional (*organizational fit framework*) que pode nos ajudar nisso. Segundo ele, podemos decompor a gestão estratégica da TI (a qual muitos preferem chamar, mais genericamente, de gestão estratégica da informação) em três domínios (figura 6):

- estratégia de sistemas de informação (*IS strategy*);
- estratégia de tecnologia da informação (*IT strategy*);
- estratégia de gestão da informação (*IM strategy*).

Conforme a figura 6, estes três domínios têm relacionamentos entre si e com a estratégia organizacional (*organizational strategy*) da empresa ou instituição. Mais do que indicações para um plano (estratégia), podemos descrever, para cada domínio, processos que assegurem que os aspectos de gestão necessários sejam continuamente lembrados e respondidos.

Figura 6
ORGANIZATION FIT FRAMEWORK

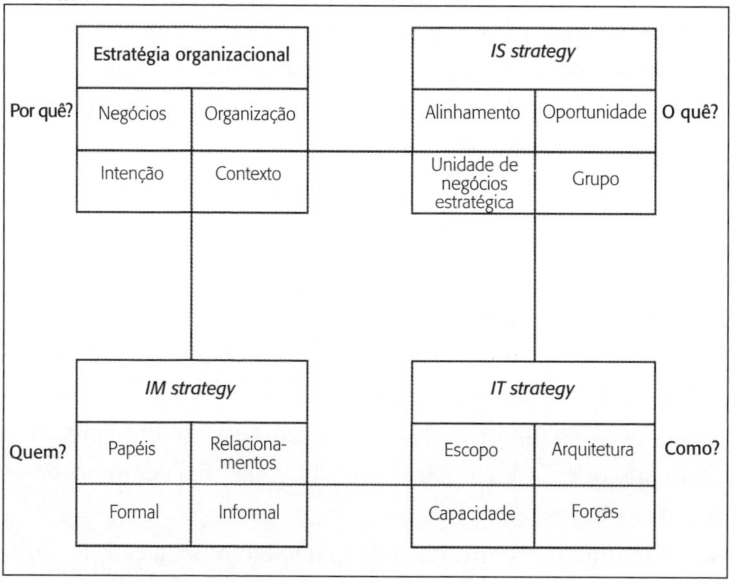

Fonte: Adaptado de Earl (1996b:489).

A estratégia de sistemas de informação (*IS strategy*) preocupa-se com o conjunto de aplicações e sistemas de informação necessários à organização, isto é, com a pergunta "o quê?" (*what*). Essa estratégia deveria ser direcionada pela demanda dos usuários e pelas suas necessidades de negócios. Deveria ser uma estratégia muito influenciada ou até de responsabilidade dos gerentes-gerais, formulada sempre que uma estratégia de negócios estivesse sendo executada. Tal qual a estratégia organizacional, a estratégia de sistemas de informação pode existir não só no nível corporativo, mas também em cada unidade estratégica de negócios (SBU), e será passível de mudança caso haja alteração significativa no ambiente externo. Earl deu um apelido para essa estratégia: negócios com TI (*business with IT*).

Já a estratégia de tecnologia da informação (*IT strategy*) preocupa-se com o conjunto de tecnologias e infraestruturas necessárias, isto é, com a pergunta "como?" (*how*), sendo direcionada para a oferta das tecnologias da informação, sempre em evolução. Ela é de domínio dos especialistas da área e frequentemente formulada no nível corporativo, em que temos visibilidade melhor sobre as práticas, as potenciais economias de escala, a integração de unidades de negócios e a função de controle gerencial como um todo. A ideia é buscarmos uma arquitetura tecnológica corporativa, uma coerência arquitetural. Também é desejado que esta estratégia tenha uma estabilidade maior do que a estratégia de sistemas de informação, dadas as preocupações com integração e com garantia de fornecimento. O apelido que Earl deu para essa estratégia foi TI com negócios (*IT with business*).

Finalmente, a estratégia de gestão da informação (*IM strategy*) está voltada para a administração e a organização da TI, ou, segundo Earl, com a pergunta "quem?" (*who*). Quais e de quem são os cargos para a gestão de TI e as respectivas atribuições e responsabilidades? Que desempenho se espera deles? De que forma se mede e se avalia esse desempenho? Essa estratégia é focada na gestão da TI ou na forma como a TI deve ser gerida. O apelido que Earl deu para essa estratégia foi negócios e TI (*business and IT*).

Mais recentemente, esta última estratégia tem recebido redobrada atenção, não só porque os desafios são mais perenes — as duas primeiras estratégias estão em constante mudança —, também porque cada vez mais problemas das duas primeiras estratégias têm sido resolvidos por meio de ações e processos associados à terceira. Isso nada mais é do que um reconhecimento maior da importância de uma boa gestão para o melhor desempenho da TI.

Além do relacionamento óbvio entre a estratégia de sistemas de informação e a estratégia de tecnologia da informação, e do relacionamento especialmente relevante das duas com a estratégia de gestão da informação, há ainda que se considerar uma quarta influência (e domínio): a estratégia organizacional (*organizational strategy*). E não há surpresa: este quarto domínio é o da estratégia geral e dos atributos e características da organização como um todo.

As relações entre as estratégias de TI e a estratégia (e estrutura) geral de uma organização também têm estado especialmente sob atenção nos últimos anos. Fala-se muito de governança de TI e alinhamento estratégico da TI. Tal atenção é refletida neste livro no quarto capítulo, que focaliza esse aspecto.

Além disso, Earl (1996b:489) levanta questões a serem respondidas para a adequada gestão estratégica da TI nas organizações, a seguir listadas:

- Que aplicações de TI devemos desenvolver para alcançar vantagem competitiva?
- Como devemos organizar a área de TI e que funções criar?
- Que funções de TI têm melhores resultados se terceirizadas (*outsourcing*)?
- Qual a necessidade de *skills* gerenciais dos profissionais de TI e quais as *skills* tecnológicas necessárias aos gerentes atuais?
- Qual o perfil atual de um CIO (*chief information officer* — principal executivo de TI)?
- Quais são os papéis de um CIO?
- Que oportunidades tecnológicas devem ser consideradas pela empresa?
- Que plataformas e tecnologias da informação devemos ter e que políticas praticar?
- O que devemos desenvolver internamente e o que devemos terceirizar?

Como mencionado, o benefício principal do modelo de Earl é nos ajudar a saber com o que devemos nos preocupar para a boa gestão da TI, tanto do ponto de vista do seu executivo principal quanto do gerente-geral da organização. Assim, vamos, a seguir, nos aprofundar no seu modelo.

A adequação organizacional

O gráfico do modelo de adequação organizacional (*organization fit framework*), na figura 6, apresenta os três domínios da gestão estratégica da TI, suas inter-relações e sua integração com a estratégia organizacional. Ele nos fornece uma maneira formal de identificar e conceituar as questões da gestão estratégica da TI. Também ajuda a gerência geral a perceber a necessidade tanto de integrar a gestão da informação com a gestão da organização como um todo quanto de participar dessa integração. No mínimo, ele nos fornece um *checklist* de alto nível dos fatores a considerar ao integrar a gestão estratégica da TI com o negócio.

Cada domínio (um retângulo no gráfico) compreende dois componentes e dois imperativos. Estes, segundo Earl (1996b), seriam necessários para atingir uma adequação organizacional. Segundo o autor, eles podem não ser suficientes, mas sua pesquisa concluiu que dão uma contribuição substancial. Os componentes são subconjuntos de cada domínio, enquanto os imperativos são fatores ou considerações que não podem ser esquecidos.

As linhas de conexão entre os domínios representados na figura 6 representam as inter-relações. Elas são bidirecionais e serão descritas em termos de processos de gestão que seriam necessários para assegurar uma adequação organizacional.

A estratégia organizacional e o processo de clarificação

O recente destaque no estudo da governança de TI e do alinhamento estratégico de TI, já citado, também aparece no modelo de Earl (1989). Ele chama de clarificação o necessário processo de detalhamento, refinamento e desambiguação da estratégia de negócios (*business strategy*) e das escolhas organizacionais (*organizational choices*), para se entender os aspectos-chave de gestão estratégica da TI (ver figura 7).

Earl chama de estratégia de negócios aquela que inclui a definição de missão, o espectro de negócios ofertados pela organização, a preocupação com a geração de valor para os acionistas (ou *stakeholders*, no caso de organizações públicas ou sem fins lucrativos), os recursos e capacidades distintivas, o posicionamento competitivo, as escolhas de produto/mercado e a configuração da cadeia de valor (esta última, de acordo com Porter e Millar, 1985).

Já as escolhas organizacionais incluem a estrutura organizacional, o sistema de controle gerencial e as políticas e procedimentos formais de acordo com os quais a organização supostamente deve ser gerenciada.

Uma maneira de clarificar as estratégias de negócios e as escolhas organizacionais é procurar a visão oficial e criativa da intenção estratégica (*strategic intent*) (Hamel e Prahalad, 1989), um conceito que capta qual vantagem competitiva está sendo buscada e de que forma. A intenção força uma solidificação de propósito, uma orientação operacional, um foco ou critério para fazermos escolhas e um nível de estabilidade direcional, já que a intenção é razoavelmente atemporal. Na estratégia de negócios, a intenção estratégica (*strategic intent*) é uma declaração do que nós somos e pode existir no nível corporativo ou no das unidades estratégicas de negócio (SBUs). Nas escolhas organizacionais, ela pode ser vista como as definições formais, configurações e instrumentos de estrutura e controle. A intenção, então, é um imperativo.

Figura 7

O PROCESSO DE CLARIFICAÇÃO

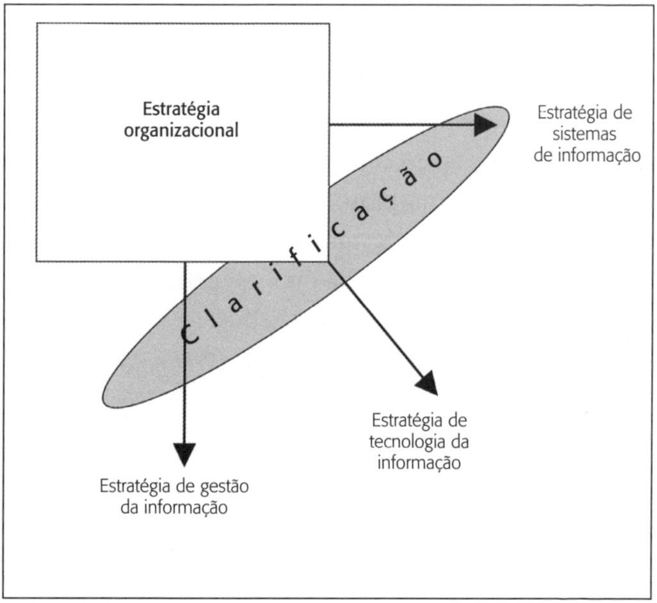

Fonte: Adaptado de Earl (1996b:493).

Um segundo imperativo, complementar, é o contexto. A formulação e a implementação de uma estratégia de negócios ocorrem em um contexto que pode mudar. É possível que existam ocasiões em que sejam necessárias mudanças de ênfase na direção dos sistemas de informação, na construção da infraestrutura da TI ou nas políticas de gestão da informação. Exemplos óbvios disso são a necessidade de se economizar quando o desempenho financeiro da empresa está sob ameaça e a necessidade de entrega rápida de novos sistemas de informação em períodos de mudança turbulenta.

O contexto organizacional é também importante. Ele pode ser pensado como o *éthos* da organização, seu estilo de gestão ou sua cultura. Em outras palavras: como as coisas são feitas por aqui, quais são os valores sagrados, e assim por diante. Contexto inclui o lado informal das escolhas organizacionais. Ele influencia especialmente a estratégia de gestão da informação, a forma de gerir a TI, por exemplo, na seleção da abordagem apropriada para planejamento estratégico de sistemas de informação. Ele pode influenciar a tolerância à estratégia de TI e a aceitação das suas políticas e normas exigidas. O contexto organizacional pode condicionar a noção do que é uma estratégia de sistemas de informação realista e prática, especialmente em termos de ambição e de granularidade. Aspectos importantes do contexto incluem as redes informais e valores compartilhados formados nos programas de desenvolvimento gerencial, o comportamento na tomada de decisão, as atitudes tradicionais em relação aos riscos e as crenças e retóricas emergentes conforme os tempos mudam.

A estratégia de sistemas de informação e o processo de inovação

O domínio da estratégia de sistemas de informação compreende os componentes de alinhamento e oportunidade. O planejamento estratégico de sistemas de informação preocupa-se em identificar as aplicações necessárias para apoiar a estratégia de negócios (a questão do alinhamento) e em procurar usos mais inovadores de novas tecnologias que podem ser exploradas para permitir que negócios sejam feitos de forma diferente ou que novos negócios sejam desenvolvidos (a questão de oportunidade). As questões de alinhamento e oportunidade formam a agenda da estratégia de sistemas de informação (Earl, 1988; Henderson e Venkatraman, 1989).

A questão do alinhamento é dependente do processo de clarificação descrito na seção anterior, e vários métodos e abordagens estão disponíveis e são utilizados para isso no planejamento estratégico de sistemas de informação (Earl, 1993). Eles vão desde formas processuais de planejamento até técnicas, como os fatores críticos de sucesso (Rockart, 1979) ou *business systems planning* (IBM, 1981).

A questão da oportunidade, no entanto, parece ser igualmente bem-abordada por meio de processos de gestão que lembram os usados para inovação de produto (Earl, 1988). Além disso, a pesquisa de oportunidades pode exigir uma consideração mais agressiva de novas tecnologias, emergentes e futuras. Em seu modelo de alinhamento estratégico, Henderson e Venkatraman (1989) argumentam que empresas deveriam definir o seu escopo tecnológico (abordado na seção seguinte) ou ter a percepção de quais tecnologias no mercado poderiam se tornar *enablers* (capacitadores) de novos eixos estratégicos.

Essas duas perguntas ou componentes da estratégia de sistemas de informação devem ser abordadas em, pelo menos, dois níveis da organização: o das unidades estratégicas de negócio (SBUs) e o corporativo (do grupo empresarial/organizacional como um todo). Estes são imperativos.

Assim, o caráter do processo pelo qual a estratégia de sistemas de informação influencia os outros domínios é a inovação. Ela pode influenciar a estratégia organizacional buscando sinergia mais agressivamente do que antes, porque o investimento em sistemas de informação pode ser um caminho mais atraente do que a busca estrutural de integração organizacional. A estratégia de TI pode ser impactada na medida em que oportunidades de sistemas de informação ampliam o escopo tecnológico e em que a necessidade de experimentação demanda novas habilidades técnicas. Esses processos de ligação estão descritos na figura 8.

Figura 8
O PROCESSO DE INOVAÇÃO

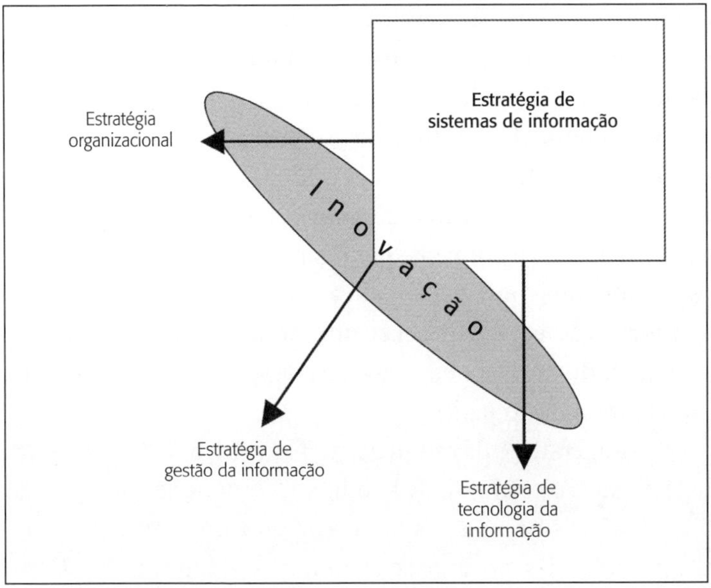

Fonte: Adaptado de Earl (1996b:495).

A estratégia de tecnologia da informação e o processo de fundação

O domínio da estratégia de TI engloba os componentes do escopo e da arquitetura. O componente de escopo está preocupado com as tecnologias que deverão ser formalmente incluídas na estratégia de informação. Há pelo menos duas razões para isso. A primeira foi discutida anteriormente: ele pode ser importante para decidir quais tecnologias no mercado do futuro podem oferecer ameaças ou oportunidades de negócios. Este conjunto de tecnologias tem sido algumas vezes apelidado de *killer technologies*.

A segunda razão é acordar quais tecnologias atuais deverão ser incluídas na estratégia e planejamento da arquitetura de TI. Estas sustentam o processamento de informação atual.

No início da década de 1980, os debates eram frequentemente relacionados à inclusão (ou não) das telecomunicações no domínio. No setor de serviços financeiros, foi fácil ver que, quando telecomunicações sustentavam canais de distribuição, elas deveriam ser incluídas.

Um plano de arquitetura é necessário para garantir a integração tecnológica onde ela é necessária, para orientar as escolhas técnicas à medida que novas tecnologias e metodologias tornam-se disponíveis, para garantir resultados eficientes (especialmente confiáveis) e eficazes da estratégia de sistemas de informação e para fornecer um modelo tecnológico do negócio quando decisões empresariais dependentes de tecnologia estiverem sendo tomadas.

Os imperativos da estratégia de TI são capacidade e poderes. Capacidade é o conjunto de habilidades, ativos de conhecimento e atividades necessárias para a organização ser competente na aplicação das principais tecnologias (incluindo as *killer*) que compõem o escopo. Por exemplo, pode-se ter cautela ao terceirizar o planejamento e experimentação em torno dessas tecnologias e preocupar-se em manter tanto *expertise* quanto experiência. Da mesma forma, é importante decidir quais capacidades devem ser mantidas na área de sistemas de informação na medida em que as tecnologias da informação tornam-se cada vez mais distribuídas.

Poderes são necessários para implementar e monitorar a arquitetura. As políticas (ou padrões) por trás da arquitetura muitas vezes serão percebidas pelos usuários e gestores como algo imposto nas discussões sobre estratégia de informação e como restrições a uma livre e dinâmica utilização da tecnologia. Como a existência de uma arquitetura é importante, poderes controlados podem ser necessários para se conseguir, ao mesmo tempo, uma gestão da tecnologia e a liderança funcional. Uma analogia são os limites de exposição cambial impostos aos gerentes comerciais setoriais pelos gestores financeiros corporativos. No entanto, como guerras sobre padrões dividem e são estressantes — fazendo sentido, portanto, estimular a experimentação, a inovação e a aprendizagem —, a experiência sugere que poderes controlados devem ser poucos e, assim, as arquiteturas devem ser de *design* minimalista.

A estratégia de TI requer uma clarificação da estratégia organizacional. É necessária uma orientação sobre riscos, o *time-to-market* e outros parâmetros já mencionados. Cada vez mais, compatibilidade de custos é um fator comum na medida em que as organizações avaliam a viabilidade financeira de produtos e processos de negócios baseados em tecnologia. Os eixos de inovação advindos da estratégia de sistemas de informação são outro *input* necessário, sugerindo as fronteiras entre métodos formais de desenvolvimento de sistemas e abordagens mais experimentais (por exemplo, métodos ágeis), ou mesmo indicando onde um novo recurso tecnológico deveria ser estimulado.

O *output* da estratégia de TI pode ser pensado como um processo de fundação, de estabelecimento de bases. Ela está preocupada com as formas pelas quais a infraestrutura deve ser construída e com a gestão da arquitetura. Questões da estratégia de gestão da informação serão influenciadas pelo componente de escopo e pelo imperativo de poderes, como as de centralização *versus* descentralização de recursos e a da fronteira entre usuários e especialistas, sempre em movimento. Questões da estratégia organizacional também podem ser influenciadas pela estratégia de TI. Organizações agora falam de arquitetura corporativa, já que há vários relatos de como fusões e alianças estratégicas fracassaram por causa de tecnologias incompatíveis. Por outro lado, alternativas estratégicas podem surgir advindas das características da infraestrutura de TI. Por exemplo, um varejista foi capaz de empreender campanhas promocionais agressivas por causa das capacidades de software e dados de sua plataforma de *electronic point-of-sale* (Earl e Feeny, 1994). Finalmente, a estratégia de sistemas de informação pode ser restringida por princípios da arquitetura — robustez e integração de sistemas são propriedades frequentemente conflitantes com flexibilidade e entrega rápida. Por outro lado, a fundação herdada pode conter oportunidades, o que é uma razão para fazer-se uma avaliação *bottom-up* da infraestrutura existente quando da formulação da estratégia de sistemas de informação (Earl, 1989). Esses processos de ligação estão ilustrados na figura 9.

Figura 9
O PROCESSO DE FUNDAÇÃO

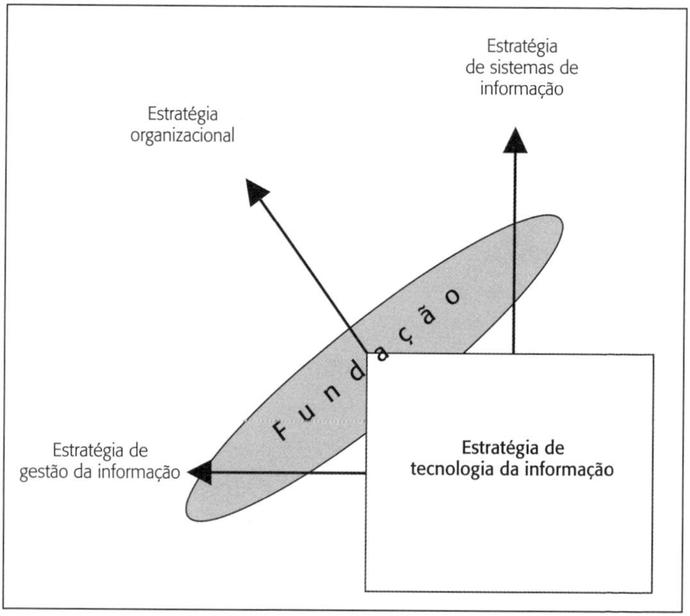

Fonte: Adaptado de Earl (1996b:498).

Analisada a estratégia de TI, passamos agora a discutir mais profundamente a estratégia de gestão da informação, por meio da análise dos seus componentes.

A estratégia de gestão da informação e o processo de constituição

Os componentes da estratégia de gestão da informação são os papéis e os relacionamentos que precisam ser definidos na gestão das atividades de TI, especialmente na área de sistemas de informação.

Papéis se preocupam com quem tem qual responsabilidade e autoridade sobre ações e políticas de recursos de informação, tanto dentro quanto fora da área de sistemas de informação, e em diferentes níveis de organização. Como as tecnologias e as estruturas organizacionais mudam com frequência, tais questões nunca desaparecem do horizonte.

Relacionamentos são igualmente importantes. Central para o texto de Feeny, Earl e Edwards (1996) sobre usuários e especialistas é o argumento de que esses dois grupos devem trabalhar em conjunto em áreas diferentes, de formas diferentes e em diferentes estágios de maturidade da tecnologia. Essas ideias podem ser traduzidas em políticas para gerenciamento de projetos, acordos de nível de serviço (SLAs), terceirização etc. No texto de Earl (1996a) sobre os CIOs, o relacionamento com o CEO e seus colegas revela-se crucial. Esta necessidade e as competências para fazer isso acontecer podem ser incorporadas em programas de desenvolvimento de gestores de TI.

O imperativo nesse domínio é a atenção para o funcionamento da organização formal (a intenção) e informal (o contexto). Aprendemos que conseguir eficácia em sistemas de informação é improvável se a estrutura das áreas funcionais está em desacordo com a estrutura e o estilo da organização. Esta é a mensagem simples dos textos de Earl, Edwards e Feeny (1996) e de Hodgkinson (1996), que focalizam os arranjos organizacionais formais. Ainda assim, o caráter informal das organizações pode ser igualmente influente.

Atenção demasiada com a estrutura da área de sistemas de informação e criação de comitês de gestão da informação pode ser perda de tempo em organizações onde iniciativas e decisões são tomadas por consenso. Alguns executivos de TI, na sua crença em um mundo racional, têm a tendência de demandar um contexto organizacional com estruturas formais e procedimentos perfeccionistas, mas a realidade do comportamento organizacional é muito mais informal.

De fato, Earl (1996a) observa que os CIOs precisam ser eficazes em fazer política e ter fortes habilidades sociais, especialmente para a construção de relacionamentos. Beath (1996) acha que os *project champions* são frequentemente não oficiais e trabalham informalmente com o CIO. Por outro lado, papéis e comportamentos que podem ter existido apenas informalmente poderiam ser aprimorados com um pouco de formalização. Edwards (1996) argumenta isso favoravelmente à existência de *project sponsors* e *sponsorship*.

O *output* da estratégia de gestão da informação pode ser descrito como processos de constituição. Em vez de "organizar e gerir sistemas de informação", pessoas agora falam de "governança da área de sistemas de informação", talvez em reconhecimento ao elevado número de *stakeholders* — incluindo os externos. Em lugar de governança, Earl (1996b) propõe "constituição" como um substantivo para descrever esse processo.

Tal conceito pode afetar a capacidade e a eficácia da formulação da estratégia de sistemas de informação ao incentivar o trabalho em equipe defendido por Earl (1993) e a *partnership* como preconizada por Henderson (1990). A constituição pode, ainda, influenciar a qualidade de decisões estratégicas de TI e a subsequente adesão a elas, por meio de programas educacionais e de endomarketing. A noção de constituição, de fato, nos faz lembrar que as iniciativas políticas devem estar na agenda da gestão da informação, tanto quanto aspectos estruturais e racionais. O processo de constituição é ilustrado na figura 10.

Figura 10
O PROCESSO DE CONSTITUIÇÃO

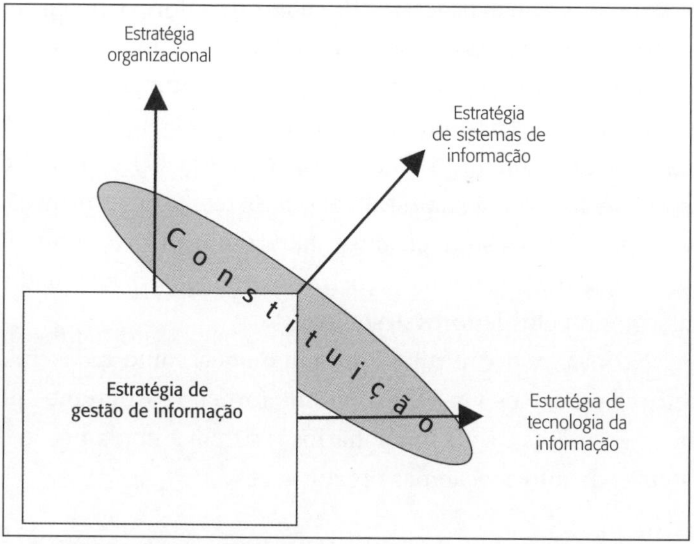

Fonte: Adaptado de Earl (1996b:500).

Neste capítulo, procuramos apresentar a evolução histórica do próprio tema deste livro — a gestão estratégica da tecnologia da informação.

De uso meramente operacional associado à automatização de rotinas administrativas levadas a cabo manualmente, a TI evolui mostrando seu potencial estratégico, isto é, a capacidade de produzir vantagem competitiva para as empresas. Isto se dá não pela tecnologia da informação *per se,* mas principalmente pela inovação de processos que pode ser por ela propiciada.

Ademais, vários autores mostraram que a TI impacta a cadeia de valores de uma empresa. A cadeia de valores é o conjunto de macroprocessos, fim e meio, de uma empresa. Cada um desses processos tem fatores-chave de performance (KPI ou *key performance indicators*), que podem ser comparados aos KPIs de seus concorrentes. Dessa forma, a TI pode inovar processos que não tenham adequados KPIs. Esta é a chave do sucesso e do alinhamento estratégico de TI nas empresas: descobrir onde ela impacta os variados processos da cadeia de valores e precisar se esse processo impactado precisa realmente ser inovado diante do seu KPI e dos concorrentes em processo similar.

Finalizamos o capítulo apresentando *framework* para conduzir estrategicamente a TI dentro da empresa. O *framework* de Earl (1996a), com a sua estratégia de sistemas de informação, estratégia de TI e estratégia de gestão da informação, alinhadas à estratégia organizacional, mostra-se um *roadmap* adequado a ser seguido pelos leitores deste livro.

No próximo capítulo, apresentaremos como redesenhar e inovar processos via TI. Da mesma forma, mostraremos por que as empresas e seus funcionários resistem à implantação de sistemas de informação nas organizações.

2

Redesenho de processos via tecnologia da informação e resistência a sistemas de informação

Neste capítulo procuraremos, inicialmente, explicar o que são processos, por que eles podem fornecer às empresas vantagens competitivas, como detectar processos que tenham problemas nas organizações e apresentar uma metodologia abrangente de inovação e redesenho de processos pelo uso da tecnologia da informação (TI). Em seguida, mostraremos como se dá o processo de resistência a sistemas de informação dentro das empresas, a fim de que possamos gerenciá-lo adequadamente, de modo que os sistemas implantados sejam realmente aceitos dentro da organização.

Assim, de forma estruturada, na primeira seção do capítulo definiremos processos e a sua importância para as organizações. Na segunda, ligaremos os processos à vantagem competitiva das empresas, por meio da tecnologia da informação e da escola estratégica baseada em recursos. Na terceira seção, detalharemos um modelo abrangente de inovação e redesenho de processos via tecnologia da informação, detalhando suas etapas. Na quarta seção, mostraremos as precondições para o sucesso ou o fracasso desse empreendimento e uma estratégia para diminuir os riscos associados a ele. Em seguida, na quinta seção do capítulo, veremos se nossas empresas estão realmente preparadas para redesenhar seus processos com o uso da TI. Finalmente, na sexta e última seção do capítulo, abordaremos por que e como as pessoas e as empresas resistem à introdução de novos sistemas de informação, detalhando modelos de resistência desenvolvidos e testados por vários autores renomados.

A definição de processos

Por que processos são importantes para as empresas, mais até do que a tecnologia da informação que elas venham a ter? Na verdade, a primeira pergunta a ser feita é: o que são processos?

Frederick Taylor — criador do gerenciamento científico — compartimentalizou de tal forma as atividades produtivas, que raciocinamos geralmente em termos de tarefas isoladas (Taylor, 1995). Para ele, os operários agiam e os gerentes pensavam e controlavam. O magistral filme *Tempos modernos*, de Chaplin, é uma sátira a este paradigma. Tal modelo, correto à época, é inadequado aos dias de hoje, quando o trabalho colaborativo, as parcerias, as alianças etc. cada vez mais se tornam necessários (Joia, 1994). Com o advento da criação da linha de montagem por Henry Ford, o taylorismo se consagrou (Perrow, 1986; Morgan, 1998). O singelo exemplo do *layout* taylorista, em que os funcionários têm dificuldade de trabalhar em grupo e um gerente decide e controla os demais profissionais, é emblemático. A bem da verdade, não podemos atribuir apenas a Frederick Taylor a compartimentalização das atividades de uma empresa. Mais de um século antes, Adam Smith afirmava que os operários produziriam mais caso se especializassem em apenas uma tarefa (Smith, 2003; Hammer e Champy, 1993). Taylor apenas levou adiante, de forma mais veemente, essa ideia. Assim, as empresas — em vez de serem vistas como um conjunto de processos interligados — eram (e ainda são, muitas vezes) vistas como um punhado de atividades levadas a cabo dentro de departamentos funcionais (RH, finanças etc.), na maior parte das vezes sem nenhuma interligação (Joia, 1994). Mas, afinal, o que são processos?

Segundo Joia (1994:20),

> processo é um conjunto de atividades interligadas entre si, dependentes do tempo, de pessoas e espaço, que recebendo *inputs* (dados) devem gerar *outcomes* (resultados) de valor agregado, seja para o cliente interno ou externo.

Na figura 11 apresentamos graficamente essa definição de processo. O desenho de um processo chama-se *workflow*, e sistemas de *workflow* são sistemas que gerenciam processos.

Figura 11

Representação gráfica de processo

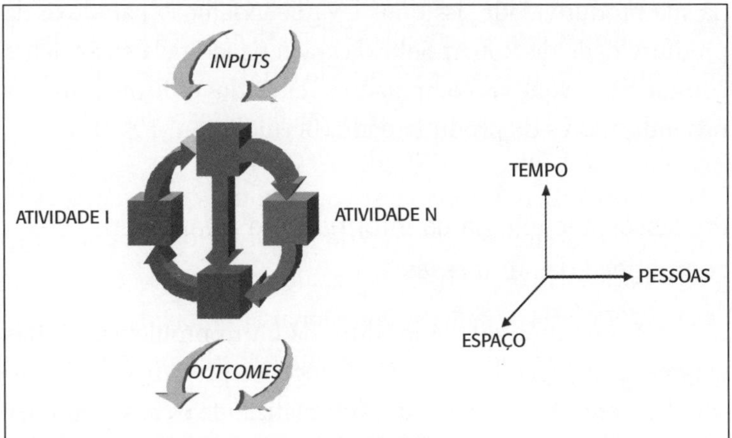

Fonte: Joia (1994:20).

O que queremos dizer com isso é que uma empresa é, na verdade, um conjunto de processos, em vez de meras atividades desconectadas desempenhadas pelos seus departamentos. Explicamos melhor: o processo de vendas não fica apenas dentro do departamento de vendas; ele começa com a abordagem ao futuro cliente, fechamento de contrato, produção do bem ou serviço, distribuição, pós-venda, atualização de contas a pagar e receber, balanço, demonstrativo de resultados, cálculo e pagamento da comissão do vendedor, entre outras atividades. Como podemos depreender, vários departamentos se comunicam nesse único processo, como marketing, vendas, pós-venda, finanças, contabilidade, jurídico, logística, RH, entre outros. Não é à toa que esse processo é chamado nos EUA de *order fulfillment* (o que significaria, para nós, preenchimento de ordem).

Assim, se as empresas informatizam seus departamentos sem terem em mente o conceito de processos, há o risco de implantarem sistemas e equipamentos que não tenham compatibilidade uns com os outros, transformando sua base computacional numa colcha de retalhos e impedindo o aumento na sua produtividade. Isso nos levaria ao famoso paradoxo da produtividade de Robert Solow, caracterizado pela sua célebre constatação de que via computadores em todos os lugares, menos nos indicadores de produtividade (Brynjolfsson, 1992).

Processos, tecnologia da informação e a vantagem competitiva das empresas

Além de tudo que já foi dito, há outro problema. Muitas empresas, em lugar de repensar os processos produtivos que têm, simplesmente os automatizam, automatizando o caos (Hammer e Champy, 1993; Davenport, 1993). Imagine que uma empresa tenha um processo que apresenta problemas, mas é realizado manualmente. Em vez de redesenhar o processo com a ajuda de TI, a empresa opta por simplesmente informatizá-lo. No fim, a culpa recairá sobre a TI, quando, na verdade, a não inovação do processo foi o fator preponderante para que ele ficasse ainda pior (afinal, agora os erros vão aparecer ainda mais rapidamente do que quando ele era manual).

Mas duas perguntas surgem, antes que possamos aprender a redesenhar processos usando TI. Como se sabe que um processo não está funcionando bem? Por que processos são tão importantes para a vantagem competitiva das empresas (mais do que TI)?

Comecemos com a primeira pergunta.

Todos os processo têm indicadores-chave de performance, denominados KPI. Para o processo de atendimento ao cliente no pós-venda, o tempo médio de atendimento (TMA) é um dos indicadores mais usados (Feinberg e colaboradores, 2000, 2002). Assim, para cada processo, indicadores são criados de modo a aferirmos a situação de cada um. É verdade que, às vezes, alguns desses indicadores não representam bem a satisfação do cliente, mas, nesse caso, a culpa não é do indicador e sim de quem equivocadamente o selecionou (para mais detalhes sobre essa questão, recomendamos a leitura de Oliveira e Joia, 2009). De posse desses indicadores, podemos comparar a performance dos processos da empresa com o *benchmark* padrão de mercado. Imagine que a empresa leve cerca de 40 minutos para atender um cliente no seu pós-venda telefônico. Por outro lado, o *benchmark* padrão de mercado é de apenas um minuto. Sem muito esforço, depreendemos que a empresa possui um processo que necessita ser redesenhado de forma que possamos acompanhar o padrão de mercado.

Já a segunda pergunta nos obriga a entender um pouco a escola estratégica baseada em recursos ou *resource-based view* (RBV). A RBV surge como uma alternativa às escolas tradicionais baseadas em Swot e nos modelos de Porter (Mintzberg, Ahlstrand e Lampel, 2000).

Baseada no trabalho seminal de Edith Penrose (2009), a RBV proclama que o que fornece vantagem competitiva a uma empresa é um recurso, tangível ou não, que possa ser valioso, raro, inimitável, insubstituível e operacionalizável (Vrio) (Barney e Hesterly, 2005). Isto é, se uma empresa tem um recurso valioso, que só ela possui, que não consegue ser imitado nem substituído, e que a empresa consegue operacionalizar de modo a poder obter frutos, tudo indica que essa empresa alcançou uma vantagem competitiva sustentável (VCS). Se, em algum momento, esse recurso for imitado, a empresa perceberá que sua vantagem competitiva foi temporária (VCT). Se, após algum tempo, todos os concorrentes já tiverem esse mesmo recurso, o que a empresa tem agora é paridade competitiva (PC). E, finalmente, no caso de todas as empresas do setor terem esse recurso e a nossa empresa não o possuir, claramente ela está em desvantagem competitiva (DC).

Assim, podemos verificar por que dificilmente a TI pode fornecer algum tipo de vantagem competitiva. Sendo facilmente copiável, o que devemos esperar é que a TI forneça às empresas, no máximo, paridade competitiva (Carr, 2003). Isso quer dizer que a TI não tem potencial estratégico. Por mais difícil que seja acreditar, a TI cada vez mais se transforma numa *commodity* (Carr, 2003). São os processos propiciados pela TI que fazem a diferença. Isto é, não foi a TI da Vale que a colocou em destaque no mundo, mas, em grande parte, o seu fantástico processo logístico, que permite a ela distribuir mundialmente minério de ferro a um preço menor do que suas principais concorrentes. Nesse momento, a TI entra em cena, permitindo e propiciando à Vale ter o processo em questão. Enfim, não é a TI que é estratégica para as empresas, mas os processos que a TI permite que as empresas desenvolvam. Daí a importância dos processos nas empresas.

Visto isso, na próxima seção poderemos ver como redesenhar processos produtivos por meio de TI, analisando uma metodologia abrangente para tal.

Uma metodologia abrangente para o redesenho de processos via TI

Nesta seção, apresentamos uma metodologia abrangente para o redesenho de processos usando a TI. Essa metodologia, baseada nos trabalhos de Guha, Kettinger e Teng (1993) e Joia (1994), é chamada de abrangente, por visar abarcar todas as facetas inerentes ao redesenho de um processo de negócios e não apenas aquelas relacionadas com a tecnologia da informação. Ela é dividida em seis etapas detalhadas a seguir e apresentadas na figura 12.

Figura 12
Metodologia para o redesenho de processos via TI

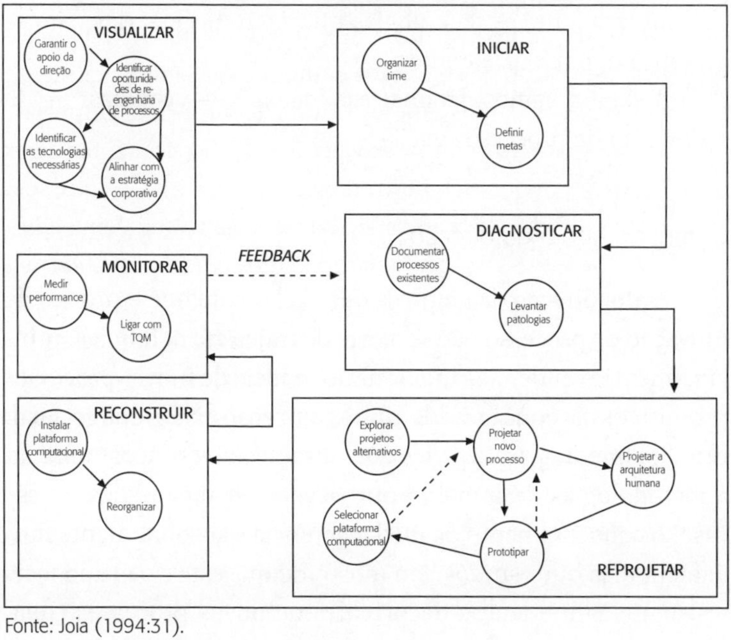

Fonte: Joia (1994:31).

Etapa 1: Visualizar o novo processo

De todas as etapas de um projeto de redesenho de processos via TI, a visão do novo processo é, sem dúvida, uma das mais importantes. A visualização deve se seguir à estratégia de negócios, que deve se seguir à visão do negócio. Na visão do negócio, definimos quem somos nós (empresa) e onde estamos inseridos no mercado. Na estratégia de negócios, definimos as coisas certas a fazer. Na visualização do novo processo, fazemos as coisas certas, de forma correta.

Ter a visualização adequada do processo (como ele é hoje e como ele ficará amanhã) é, portanto, fundamental para os passos seguintes em um projeto de redesenho de processos. Inicialmente, visualizamos de forma indutiva como gostaríamos que a empresa funcionasse, que processos agregam valor ao cliente etc. A visualização desses novos processos deve se casar com a estratégia corporativa. Além disso, a área de TI deverá levantar, preliminarmente, as tecnologias que serão necessárias para se atingir o objetivo pretendido.

A seguir, vamos detalhar esta etapa 1 — visualizar — do redesenho de processos via TI.

Garantir o apoio da direção

A alta direção da empresa deve zelar para que o projeto de inovação de processo não se afaste da trajetória definida e, principalmente, vender aos funcionários a ideia de inovar processos produtivos já consagrados na organização. Não é algo fácil, principalmente para aqueles que durante anos se acostumaram a metodologias de trabalho que devem ser repensadas. Nesse caso, o convencimento da média gerência é absolutamente fundamental, já que estudos têm mostrado que este é o grupo mais resistente às mudanças decorrentes de novos processos (Joia,

1994). A saída é não apresentar o redesenho de processos como um simples redutor de custos ou eliminador de níveis hierárquicos. Fazer isso é ter como certa a não colaboração da média gerência. A inovação de processos deve ser vendida como um modo de fazer a empresa crescer em qualidade, produtividade, lucratividade etc. Por exemplo, diminuir o tempo de colocação de um produto no mercado (*lead time*) pode significar melhoria substancial na empresa, por meio de:

- melhora no serviço a clientes, pela diminuição do *lead time*;
- qualidade maior, já que o processo só é acelerado com a garantia de produção de artigos de primeira categoria;
- aprendizado organizacional desenvolvido, com a empresa aprendendo consigo mesma;
- aumento da receita e margem de lucro da empresa, com o consequente aumento de bônus para os funcionários.

Identificar oportunidades de reengenharia de processos

Toda empresa se estrutura em torno de vários macroprocessos. Estes, por sua vez, se subdividem em processos menores, formando uma árvore hierárquica. Assim, a escolha de processos importantes deve seguir as seguintes premissas (Joia, 1994:32):

- o processo escolhido deve estar alinhado com a estratégia da empresa;
- o processo escolhido não necessariamente precisa ser grande, mas deve possuir um nível de abrangência que possa gerar, ao ser inovado, vantagem competitiva sustentável para a empresa;
- o processo escolhido deve poder ser mapeado, evitando-se começar com os chamados processos *ad hocs*. Um processo

desse tipo é normalmente anárquico e raramente seu *workflow* pode ser desenhado. Processos de criação, por exemplo, geralmente possuem *workflows ad hocs*, já que dificilmente podem ser mapeados de forma estruturada;

- os processos devem ser selecionados por meio de *workshops*, entrevistas e discussões com o corpo gerencial da empresa. Esta é uma tarefa que consome tempo e, muitas vezes, desestimula a continuidade do projeto.

De modo geral, os processos existentes dentro de uma empresa se classificam em:

- *interorganizacionais*: relação entre empresa e cliente, empresa e fornecedores, empresa e governo, empresa e subcontratados, empresa e parceiros etc.;
- *interfuncionais*: relação entre as várias unidades funcionais da empresa (RH e finanças, logística e produção etc.);
- *interpessoais*: relação entre pessoas de um mesmo grupo de trabalho.

Selecionado o processo a ser redesenhado, podemos identificar as tecnologias necessárias a sua inovação, conforme apresentado a seguir.

Identificar as tecnologias necessárias

Conforme mencionado, a tecnologia da informação é a grande propiciadora do redesenho e inovação dos processos produtivos. Na verdade, seu impacto nas empresas é tão profundo, que novas estruturas organizacionais e funções têm de ser criadas para que essa ferramenta possa atingir todo o seu potencial.

A TI muda o próprio conceito de empresa, criando o que podemos chamar de empresa relacional, que vive de relacionamentos eletrônicos com seus parceiros, fornecedores, clientes, subcontratados etc., passando por sobre barreiras geográficas graças à ligação da informática com as telecomunicações, levando à criação de funcionários híbridos, com conhecimento suficiente tanto das novas tecnologias quanto do negócio em que elas se inserem.

De modo geral, as tecnologias que mais têm sido utilizadas são: troca eletrônica de dados (EDI); intranet, internet e extranet; ERPs; CRMs; *business intelligence*; entre outras. Um melhor entendimento dessas tecnologias (e de outras), assim como da sua aplicação nas empresas, pode ser obtido pelo leitor no capítulo 3 deste livro.

Alinhar com a estratégia corporativa

Um dos maiores desafios do redesenho de processos via TI é se alinhar à estratégia da empresa. De nada adiantam esforços no sentido de inovar processos que nada podem acrescentar à competitividade da empresa, à melhoria no relacionamento com os clientes, à entrada em novos nichos promissores de mercado etc. A competitividade só pode ser alcançada por meio de produtos e serviços diferenciados ou do menor preço, tanto em nível global quanto em nichos de mercado (Porter, 1985). Dentro dessa concepção, o processo escolhido deve ser aquele que permita, dependendo do cenário inerente à empresa (exógeno/endógeno), que tal possa ser alcançado. Muitos projetos de redesenho de processos fracassam devido à escolha de processos que nada acrescentam à performance final da empresa.

Etapa 2: Iniciar o redesenho do processo

Iniciar o redesenho do processo é uma das etapas mais difíceis, porque muitas empresas acabam por sofrer do que chamamos de paralisia por análise (*paralysis by analysis*), isto é, de tanto analisarem a questão, acabam por não agir (Ansoff, 1965). Um mínimo de planejamento deve ser feito antes do lançamento da empreitada, com a definição clara das metas a serem atingidas e uma análise dos custos envolvidos. Ademais, um amplo trabalho de divulgação do que será realizado, coordenado pessoalmente pela alta direção da empresa, deverá explicar o que será feito, por que será feito, como será feito, e os benefícios esperados. Sem o engajamento dos profissionais de nível operacional envolvidos, os projetos de redesenho de processos estão fadados ao fracasso desde o seu nascedouro.

A seguir, vamos detalhar esta etapa 2 do redesenho de processos via TI.

Definindo o time

Como a maior parte dos processos são intradepartamentais, e como a tecnologia da informação é uma propiciadora do sucesso do empreendimento, o time de redesenho de processo deverá quase sempre ser multidisciplinar, contando com profissionais que tenham uma visão sistêmica do negócio da empresa.

Inicialmente, um responsável pelo projeto de redesenho de processo deve ser definido pela alta direção, sendo-lhe confiado todo o poder necessário para conduzir tal empreitada. Este profissional deve, fundamentalmente, procurar conciliar a trajetória do time com os objetivos definidos. Deverá também ser capaz de liderar pessoas de diferentes formações e aparar as arestas quando estas, porventura, surgirem.

O coordenador do projeto montará seu grupo pela escolha de profissionais considerados por ele aptos a participar de ações de mudança. Deverão, portanto, não só conhecer bem a empresa (sua cultura e clima), mas também os profissionais que nela trabalham. O engajamento de profissionais no grupo deve ser sempre voluntário, e espera-se que pessoas com conhecimento prévio do processo a ser redesenhado ingressem no time. *Outsiders*, como profissionais de outras áreas ou consultores externos, podem dar uma boa visão de como redesenhar o processo escolhido.

De acordo com Joia (1994), no que tange aos profissionais de TI, não obstante serem eles os menos indicados para a coordenação do projeto (pela sua visão em geral cartesiana e pelo pouco entendimento do que seja gerenciamento de mudança), sua presença no grupo é fundamental, no sentido de levantar quais tecnologias poderão propiciar o bom êxito do empreendimento.

Normalmente, os times de inovação de processo via TI possuem três estereótipos de profissionais (Joia, 1994):

- *neutros*: conhecem bem o mercado e a empresa, tendo com esta grande ligação. Escutam mais do que falam;
- *radicais*: querem destruir tudo, para reconstruir do nada. São conhecidos como tratores dentro da empresa;
- *moderados*: têm a capacidade de mediar conflitos e buscar o consenso. São conhecidos como diplomatas dentro da empresa.

Algumas empresas criam diferentes times para atuar nas diferentes etapas do projeto: time para escolha do processo, time para mapeamento do processo escolhido, time para redesenho do processo etc. A nosso ver, essa prática, além de ser de difícil gerenciamento, acaba por trazer entropia ao empreendimento (Joia, 1994).

Definição de metas

O sucesso de um projeto de redesenho de processos é avaliado por meio da comparação entre o antigo e o novo processo.

Essa mensuração é feita, normalmente, em termos de tempo, custo, número de defeitos ou retrabalhos.

As metas, embora ambiciosas, devem ser realistas.

Etapa 3: Diagnosticar o processo escolhido

Após a definição do processo a ser redesenhado, há necessidade do mapeamento do mesmo, a fim de que ele se torne claro para todos os participantes do grupo e de que suas patologias possam ser detectadas.

Assim, a seguir, vamos detalhar esta etapa 3 do redesenho de processos via TI.

Documentação do processo existente

Os seguintes passos devem ser seguidos, objetivando o mapeamento do processo existente:

- definir a interligação do processo com departamentos internos, clientes, fornecedores, parceiros etc.;
- questionar redundâncias, levantar o nível de fragmentação do processo e responder à pergunta: por que este processo é feito desta forma?
- identificar barreiras organizacionais, procedimentos, regras e políticas que possam impedir que o processo inovado seja um sucesso.

O uso de gráficos, associando as tarefas entre si, às pessoas ou grupos, a tempos e, finalmente, a resultados obtidos, é extremamente útil para o levantamento de custos incrementais, tempo desperdiçado, gargalos (*bottlenecks*), necessidade de novas funções e *skills*, e de outras medidas quantitativas e qualitativas ao longo do processo. Modelos de simulação computacional podem ser usados para análise do *workflow* do processo.

De modo geral, os *workflows* são divididos em administrativo, de produção e *ad hoc*. O primeiro é o mais simples e corresponde, por exemplo, ao envio de uma fatura por um profissional ao seu gerente, para aprovação e posterior retorno. O *workflow* de produção é o mais estudado atualmente e pode ser exemplificado por meio do processo de análise de sinistros em seguradoras, revisão de documentação técnica associada a produtos etc. O *workflow ad hoc* é aquele associado ao processo de criação, sendo, por isso mesmo, normalmente anárquico. Enquanto os dois primeiros podem ser desenhados em papel, o *workflow ad hoc* é totalmente desestruturado. Assim, pela sua dificuldade de representação, devemos evitar inovar ou redesenhar processos *ad hoc*.

Etapa 4: Reprojetar o processo

Os processos precisam ser reprojetados objetivando atingir melhorias radicais nas áreas de: tempo, produtividade, qualidade, custo e retorno do capital investido no projeto. A tecnologia da informação deve ser utilizada não para automatizar o velho processo, mas para alavancar o novo. Uma abordagem sistemática é mostrada a seguir, tendo como *input* as patologias já encontradas anteriormente.

Analisando diferentes alternativas

Todo questionamento em relação ao processo original deve ser feito por meio de *brainstormings*, com o grupo envolvido dando suas sugestões livremente. Cabe aos profissionais de TI a orientação acerca das potencialidades das várias tecnologias de informação. Uma matriz decisória pode ser criada, ponderando-se as várias alternativas em função das metas a serem alcançadas. De modo geral, o consenso deve ser buscado.

Projetando novos processos

Um dos mais importantes fatores de sucesso no projeto de novos processos é o constante questionamento acerca dos motivos pelos quais os processos são executados da forma original, qual a melhor maneira de executá-los e qual o papel da TI como propiciadora da mudança.

O foco exagerado nas tarefas que compõem um processo é um enfoque taylorista, que vai de encontro aos paradigmas do redesenho de processos, visto que a melhoria de uma tarefa, componente de um processo, não necessariamente traz melhorias ao processo associado. Embora as tarefas tenham de ser analisadas, o foco deve ser no processo como um todo e no valor agregado por ele à empresa e, por via de consequência, ao cliente. Assim, regras devem ser seguidas (Joia, 1994):

- *rompimento de padrões*: tudo eticamente permitido deve ser tentado, mesmo que vá contra os padrões habituais da empresa;
- *eliminação de hierarquias*: o redesenho e a inovação de processos prega a horizontalização da empresa, com a utilização do trabalho em grupo. Líderes surgirão dentro dos grupos, não por designação da empresa, mas pela sua maior experiência e qualificação. De modo geral, a TI tem mostrado que vários níveis hierárquicos são meros repassadores de informação, sem adicionar nenhum valor ao cliente (interno ou externo);
- *eliminação das patologias identificadas*: escolha das ferramentas computacionais e de comunicação necessárias à inovação dos processos;
- *aumento da produtividade*: fim da fragmentação do trabalho e focalização em processos, com o início da fase de montagem de uma filosofia de *workgroup*.

- *avaliação da tecnologia da informação*: definição da melhor tecnologia para atender aos objetivos pretendidos. Além disso, a simultaneidade deve ser sempre preferível à sequencialidade. Tarefas separadas, sempre que possível, devem ser integradas, para evitarmos a fragmentação. O uso da correta tecnologia torna todas essas ideias absolutamente possíveis, permitindo que todos os profissionais da empresa possam envolver-se em atividades concorrentes, trocando informações entre si por meio de uma rede corporativa.

Projetando a nova arquitetura humana

Em um redesenho de processos, a organização e, por via de consequência, as pessoas acabam sendo impactadas durante o processo de mudança (Joia, 1994). A pedra fundamental para o sucesso de um projeto de redesenho de processo é a força de trabalho da empresa. Ela será responsável por levar adiante os processos inovados.

Uma longa lista de atividades deve ser desenvolvida para eliminar ou, pelo menos, tentar minimizar a resistência à mudança, como a seguir listamos:

- redefinição de funções e títulos, de acordo com os processos inovados;
- processo educacional, objetivando melhoria contínua dos profissionais e maior conscientização acerca de inovação de processos via TI;
- nova política de incentivo e remuneração, baseada em resultados e não em atividades;
- achatamento hierárquico da empresa, fazendo surgir times de trabalho;
- reestruturação organizacional, decorrência básica do que foi dito acima;

- criação de uma *learning organization* (Senge, 1990), que nada mais vem a ser do que a criação de uma empresa suficientemente flexível para aprender consigo mesma, principalmente por meio dos seus erros.

Dessa forma, seguindo os passos apresentados, podemos mitigar os riscos associados ao redesenho do processo em questão.

Prototipando

A prototipagem tem sido largamente usada em várias organizações, por meio da simulação de diferentes modos de se inovar um processo e da avaliação dos impactos decorrentes. O uso de softwares de *workflow* — sistemas computacionais que permitem, rápida e graficamente, a criação na tela do computador do novo processo, sua análise pela simulação dentro da empresa e o levantamento de estatísticas de performance — deve crescer cada vez mais, devido à difusão dessa nova tecnologia computacional. Dessa forma, evitamos implantar dentro da organização um processo que ainda não tenha sido previamente testado e avaliado.

Selecionando a plataforma computacional

Dependendo do processo que se pretenda inovar, haverá necessidade de uma adequada plataforma computacional, incluídos hardware, software, periféricos etc. Tecnologias como *local area network* (LAN), *wide area network* (WAN), arquitetura cliente-servidor, gestão eletrônica de documentos (GED), *electronic data interchange* (EDI), bases de dados, extranet, intranet, *business intelligence* (BI), *enterprise resource planning* (ERP), *customer relationship management* (CRM), sistemas de *call center*, entre outras, serão necessárias, isoladamente ou em conjunto, para servir de propiciadoras da inovação do processo em questão.

No desenvolvimento de todas as atividades que visam à inovação, principalmente na fase de reprojeto do processo, devemos ter em mente as possibilidades tecnológicas existentes no mercado. Esta é, dentro da equipe, uma tarefa de responsabilidade do representante de TI. Inovação de processo e tecnologia da informação devem andar sempre de mãos dadas.

Etapa 5: Reconstruir o processo

Nesta etapa, partimos para a implementação das mudanças, tendo como certo que a empresa já está preparada para tal empreitada (pessoas devidamente conscientes, treinamento, conscientização etc.).

Muitas vezes, a inovação de processos é executada em um projeto piloto, tal qual em um tubo de ensaio.

Detalhamos, a seguir, esta etapa de redesenho de processos via TI.

Instalando a plataforma computacional

Um dos maiores esforços a ser despendido durante a fase de redesenho de processos refere-se à instalação da tecnologia da informação necessária à inovação.

De modo geral, as empresas optam por um dos caminhos listados a seguir:

- efetuam uma modificação radical na sua plataforma computacional como a passagem de um *mainframe* centralizado ligado a terminais *dumb* (sem processamento próprio), para uma arquitetura cliente-servidor com rede e base de dados corporativa. Além disso, novos sistemas são desenvolvidos a partir do zero;

- adotam o chamado *software reengineering*, que visa à reutilização e ao reprojeto de sistemas já existentes, objetivando que eles possam ser processados na nova plataforma computacional;
- consideram que sua plataforma e sistemas são suficientes para propiciar a inovação dos processos.

Qualquer que seja a opção feita, ela deve criar um ambiente de *workgroup* dentro da empresa, sem o qual será extremamente difícil a inovação de processos.

Reorganizando as atividades

Conforme dito, uma nova estrutura organizacional, girando em torno de processos e não de tarefas ou funções, deve ser estabelecida. A questão básica reside na transição de um modelo organizacional para outro. Resistências a mudança terão de ser cuidadosamente gerenciadas e superadas. Devemos prever mais poder para os times associados aos processos, corte de pessoal, realocação de pessoas para novas funções etc. Com relação à questão das demissões, é importante salientar que ela jamais deve ser o objetivo final do redesenho de processos, mas a prática tem mostrado que, à medida que a empresa se organiza em torno de processos, ela fica transparente e, por conseguinte, funções que não agregam valor algum à finalidade da empresa ficam à mostra (Joia, 1994).

Quanto ao poder dado ao grupo de processos, ele é necessário para que os próprios profissionais possam, independentemente, decidir o que fazer quando decisões tiverem de ser tomadas.

Fundamentalmente, e em resumo, devemos:

- criar uma estrutura de *workgroup*: grupos interligados entre si e associados aos processos produtivos;
- criar uma empresa capaz de estar constantemente mudando por meio dos seus profissionais, em função do seu processo de aprendizagem (Senge, 1990; Geus, 1998).

Etapa 6: Monitorar os novos processos

Monitorar novos processos significa, basicamente, medir a performance alcançada por eles e aferir a melhoria de alguns índices da empresa.

Medindo a performance

Para assegurar que o projeto de inovação de processos teve sucesso é preciso medir seus KPIs.

Como dito ao leitor, cada processo tem um conjunto de indicadores-chave que servem para a avaliação de sua performance. Por exemplo, o TMA é um indicador-chave da performance do processo de atendimento ao cliente. Da mesma forma, a velocidade de reposição de estoques é outro indicador-chave de performance associado ao processo de suprimentos. Assim, devemos comparar os KPIs antigos com os obtidos após o processo ter sido redesenhado. Esperamos, obviamente, que eles tenham melhorado substancialmente. Caso contrário, o *feedback* obtido nos mostrará que algo de errado ocorreu, portanto deveremos retornar ao processo para refazê-lo. Isto pode ser visto na figura 12, por meio da seta denominada *feedback*.

Qualidade e inovação de processos

Enquanto a inovação de processos pretende ser radical e revolucionária (Hammer e Champy, 1993; Davenport, 1993), a qualidade é uma abordagem que se assenta no incrementalismo. No entanto, ambas tendem a se complementar. Enquanto a primeira inova, a segunda, ao longo do tempo, melhora e refina o processo em questão. Não se trata de paradigmas substitutos, mas complementares. A qualidade, portanto, tenta aplicar o *kaizen* (melhoria contínua) ao longo do tempo, no processo redesenhado.

Manual de sobrevivência à inovação de processos via TI

Infelizmente, pesquisas mostram que um percentual elevado de projetos de inovação de processos via TI fracassa (Bashein, Markus e Riley, 1994). Assim, quais seriam as precondições para o sucesso ou fracasso de projetos desse tipo? É isso que pretendemos apresentar nesta seção.

Precondições para o sucesso

A seguir, são apresentadas as precondições para o sucesso de projetos de inovação de processos (Bashein, Markus e Riley, 1994; Joia, 1994).

- *Envolvimento e engajamento da direção geral*: praticamente um consenso, o envolvimento da alta direção — visível e durante todo o projeto de redesenho do processo — aumenta substancialmente as chances de sucesso do mesmo. O *sponsor* (patrocinador) do projeto deve ser um executivo sênior, preferencialmente o próprio presidente da empresa.
- *Expectativas realistas*: é preciso que o responsável pelo projeto defina expectativas realistas acerca do mesmo. Se um projeto estiver previsto para cerca de dois anos, o profissional não deve esperar resultados em seis meses. Uma

visão de médio prazo é sempre bem-vinda. Inovação de processos não é empreendimento de curto prazo.

- *Socialização do poder e trabalho colaborativo*: profissionais com poder e capacidade de trabalho em grupo são vitais na formação de times interdepartamentais. A atribuição de poder dá aos empregados um maior senso de responsabilidade, transformando-os em corresponsáveis pelo sucesso (ou fracasso) do projeto.
- *Visão estratégica da inovação de processos*: executivos e profissionais que descobrem na inovação de processos uma oportunidade de crescimento e expansão da empresa, e não uma desculpa para achatamento através de demissões e redução de custos, são os mais indicados para gerenciar o projeto. Se o foco for apenas redução de custos, muito dificilmente a empresa terá o apoio dos seus profissionais. A chave da questão reside no posicionamento estratégico da empresa: companhias que pretendem criar alianças com seus clientes ou inovar produtos e processos certamente terão mais sucesso do que aquelas que focarem apenas na redução dos custos administrativos (*overhead*).
- *Visão compartilhada*: a visão do projeto de inovação de processos deve ser compartilhada por todos os membros da organização. Evidentemente que supomos que a empresa tenha uma visão bastante clara de aonde quer chegar. Assim, comunicação nessa etapa é fundamental. Todos sabem que existem vácuos de informação na maioria das empresas. Esses vácuos só servem como central de boatos, prejudicando o próprio projeto.
- *Time correto alocado* full-time: o time deve ter *insiders* — profissionais diretamente envolvidos no processo a ser inovado e que são capazes de mapeá-lo e classificar as atividades que realmente agregam valor — e *outsiders* — geralmente clientes, fornecedores e consultores que, sem lógica viciada, podem

trazer uma abordagem nova ao projeto. O importante é que esse time trabalhe de forma coesa, e que os *insiders* dediquem tempo integral ao projeto. O tempo que uma empresa aloca para projetos de inovação de processos denota, claramente, a importância que ela dá ao empreendimento.

- *Orçamento suficiente*: projetos de inovação de processo custam caro, assim como a hora dos profissionais alocados ao projeto, consultoria, treinamentos etc. Essa verba deve ser calculada antes do início do empreendimento e alocada ao orçamento da empresa.

Precondições para o fracasso

De modo geral, as precondições para o fracasso, listadas a seguir, são intrinsecamente relacionadas à organização.

- *Gerenciamento por consenso*: embora trabalho em grupo seja fundamental para o sucesso de projetos de inovação de processos, uma cultura de consenso na tomada de decisões, por parte da alta direção, pode atrasar ou mesmo inviabilizar a inovação do processo. Ironicamente, um presidente de empresa que torna claras suas demandas para seus subordinados tem mais sucesso do que aquele que prefere que tudo seja resolvido por consenso.
- *Situação financeira precária*: uma companhia em estado financeiro precário muito provavelmente fracassará na inovação de processos via TI. A razão é simples: inovação de processo não é de graça, exigindo, muitas vezes, elevado investimento, que a empresa não pode suportar.
- *Vários projetos simultâneos*: embora o ataque a vários projetos ao mesmo tempo seja fundamental para a melhoria de performance da empresa, a entropia gerada é grande e proporcional ao risco de fracasso. Um bem-estruturado gerenciamento de mudança se faz necessário.

- *Medo e falta de otimismo*: mudanças radicais geralmente provocam medo nos profissionais. Medo gera falta de entusiasmo e de otimismo, fatores estes absolutamente necessários para o desenvolvimento da criatividade na inovação de processos. O medo advém, principalmente, da possibilidade de perda de emprego (principalmente entre profissionais da produção) e da falta de perspectivas profissionais (mais comum entre gerentes).
- *Animosidade: TI × RH*: pesquisas têm mostrado que os profissionais das empresas têm certa animosidade em relação a TI e RH (Joia, 1994). Dessa forma, muitas vezes esses profissionais são deixados de fora na fase de concepção do projeto (visão do novo processo). Consequentemente, o time não tem informações sobre as possibilidades de TI, tanto no que concerne a tecnologias disponíveis no mercado quanto a sistemas e infraestrutura computacional disponíveis dentro da empresa, assim como a técnicas de gestão de mudanças. Quando os profissionais de TI e RH são envolvidos no projeto já é tarde, e eles não se esforçam para que o empreendimento tenha sucesso. Adicionalmente, os próprios profissionais de TI e de RH muitas vezes não se entendem, o que traz enormes prejuízos a um projeto que lida tanto com pessoas quanto com tecnologia.

Estratégias para diminuir o risco

Baseados no exposto, podemos propor estratégias para minimização do risco de fracasso em projetos de inovação de processos (Joia, 1994):

- projetar a inovação de processos em torno de crescimento e oportunidade, e não de redução de custos;
- conduzir treinamento em: conceitos de inovação de processo para gerentes; metodologias para inovação de processos para

os membros do time; técnicas de trabalho em grupo; novas funções para aqueles profissionais que serão atingidos pela inovação;
- comunicar, constantemente, as possibilidades de melhoria advindas da inovação dos processos;
- começar com o redesenho de pequenos processos para ganhar a confiança da direção;
- envolver ativamente, e desde o começo, as áreas de TI e de RH.

Agora, devemos verificar se a empresa está realmente preparada para inovar seus processos via TI — é o que apresentamos a seguir.

Estamos preparados para a inovação de processos via TI?

Quanto mais preparada estiver a empresa (no caso, os seus profissionais) para a inovação de processos via TI, maiores as chances de sucesso desse empreendimento e mais ameno o processo de gerenciamento de mudança. Um processo educacional, anterior ao início do projeto, desenvolvido por meio de cursos, palestras, *workshops* e reuniões em grupo, torna-se imperativo.

Uma metodologia para se avaliar o preparo da empresa para iniciar a inovação de processos é a seguir apresentada (Joia, 1994).

- *Sistema de gestão e estrutura organizacional*
  - capacidade dos profissionais de pensar em processos e não em tarefas segmentadas;
  - clareza na visão da empresa que se quer ter;
  - hierarquia flexível;

- definição clara de índices de performance e mecanismos de recompensa;
- conhecimento das necessidades dos clientes e do mercado;
- envolvimento e poder dados aos funcionários.

- *Capacidade organizacional para mudança*
  - engajamento do patrocinador da alta direção com a mudança;
  - alinhamento cultural da empresa com a mudança;
  - baixo nível de resistência da organização a mudanças;
  - eficácia dos agentes de mudança escolhidos;
  - experiência da organização com mudanças, no passado.

Após termos visto como inovar processos via tecnologia da informação, passamos agora a um dos assuntos mais relevantes na gestão de TI, qual seja, o que gera resistência a sistemas de informação nas empresas, isto é, por que as empresas e, por via de consequência, as pessoas que nelas trabalham resistem à implantação de sistemas de informação. Este será o assunto tratado na próxima seção.

Resistência a sistemas de informação

Conforme dito, sistemas contêm processos (muitas vezes chamados de práticas). Portanto, muitas vezes (mas nem sempre) a resistência a sistemas nada mais é do que a resistência a novos processos de trabalho.

Antes de qualquer coisa, é importante definirmos para o leitor o que chamamos de resistência a sistemas de informação.

A expressão "resistência a sistemas de informação", utilizada neste livro, inclui todos os casos, tanto os de não uso quanto os de uso inadequado de sistemas de informação por aqueles a quem se destinam. A resistência também é identificada quando um indivíduo se engaja em um comportamento que pode resultar na descontinuidade ou remoção de um sistema que é interdependentemente usado por outros, assim como pelo próprio indivíduo.

O modelo de Markus de resistência a sistemas de informação

Para Markus (1983), há três vetores alternativos, derivados da visão geral de resistência desenvolvida por Rob Kling (1980), geradores da resistência a sistemas de informação.

O primeiro vetor pressupõe que pessoas ou grupos resistem a sistemas de informação por fatores de ordem pessoal. Exemplos desse vetor são a ausência de treinamento, o medo de computadores e a não percepção, pelo usuário, da utilidade do sistema.

O segundo vetor assume que pessoas ou grupos resistem por questões relacionadas ao design do sistema. Sistemas sem flexibilidade, com interface gráfica e usabilidades percebidas como fracas, demasiadamente complexos e projetados inadequadamente tendem a ser rejeitados ou subutilizados pelos usuários.

Para o terceiro vetor, as pessoas ou grupos resistem aos sistemas devido à interação entre características relacionadas ao sistema e características relacionadas ao contexto organizacional. Exemplos desse vetor interação poderiam ser: sistemas que centralizam o controle de dados sofrem resistência em organizações com estruturas de autoridade descentralizada; sistemas que equilibram a distribuição de poder nas organizações são resistidos por aqueles que o detêm.

Markus (1983) reconhece a existência de diversos desdobramentos para o vetor interação, isto porque os ambientes organizacionais podem variar muito, e destaca duas perspectivas: a variante sociotécnica e a variante política.

A variante sociotécnica focaliza a distribuição de responsabilidades para tarefas organizacionais entre os vários níveis hierárquicos. Novos sistemas de informação podem levar a uma nova divisão de trabalho e de funções e responsabilidades distinta da então existente na organização. Assim, sistemas podem ser vistos como propiciadores de mudanças organizacionais (Joia, 2007; Kling, 1980; Markus, 1983; Orlikowski e Robey, 1991).

Na variante política, a resistência pode ser explicada como um produto da interação entre atributos de design do sistema e a distribuição intraorganizacional de poder e status. Nessa variante, os sistemas são desenvolvidos e implementados com o principal objetivo de influenciar o poder entre diferentes subunidades organizacionais, apesar dos esforços de fazer parecer que seu propósito existencial é puramente racional (Joia, 2007; Kling, 1980; Markus, 1983).

Outros modelos de resistência a sistemas de informação

Desenvolvimentos posteriores de pesquisa sobre a resistência a sistemas de informação não incorporaram o amplo escopo de fatores e respectivas dimensões delineados por Markus (1983), mas avançaram na análise do comportamento individual dos usuários. Foram desenvolvidos modelos interativos em linha com o tratamento dos sistemas como objeto social, porém voltados para a relação entre usuário individual e sistema, sem considerar o nível analítico da ação coletiva que se manifesta em conexão com identidades coletivas de equipes, categorias funcionais, unidades administrativas ou da organização como um todo.

Como exemplo, no modelo teórico de Joshi (1991), a resistência é analisada como decorrência de processos interativos de comparação, pelo usuário, entre a sua situação inicial e a nova situação instaurada com a implementação de uma inovação em tecnologia da informação: essa comparação é relacional, porque referenciada nos demais usuários.

Por outro lado, Marakas e Hornik (1996) asseveram que as características individuais e as incertezas trazidas por um novo sistema podem resultar em percepções de tensão e ameaça, com consequente resposta na forma de resistência passiva pelo uso inadequado do sistema. Segundo Martinko, Henry e Zmud (1996), a intensidade dessa resistência é variável em função da interação entre o usuário, com seu perfil e características (particularmente, a experiência prévia com tecnologia), e fatores internos e externos à organização.

No seu conjunto, as teorias de Joshi (1991), Marakas e Hornik (1996) e Martinko, Henry e Zmud (1996) se limitam a uma modelagem baseada no comportamento individual do usuário, permanecendo o trabalho precursor de Markus (1983) como a única referência do tratamento do comportamento coletivo no âmbito da organização.

Uma exceção notável é o esforço de Lapointe e Rivard (2005) em elaborar uma teoria que integrasse os níveis individual e coletivo de ação. Esses autores contribuem também com a clarificação conceitual do fenômeno da resistência e a análise da sua dinâmica na organização. Entretanto, seu trabalho não fornece um tratamento mais aprofundado dos aspectos organizacionais relativos à introdução de sistemas de informação.

Consolidação do modelo de Markus de resistência a sistemas de informação

Em vista do que foi visto acima, optamos por usar, neste livro, as ideias pioneiras de Markus (1983), baseadas em Kling (1980), já que elas integram as várias dimensões relativas à resistência a sistemas de informação. Assim, o quadro 1 resume as principais características das três abordagens da resistência a sistemas de informação, segundo Markus (1983); a figura 13 apresenta o diagrama causal da resistência dos usuários a sistemas de informação, associando, sistemicamente, os fatores definidos anteriormente por Markus (1983) e estruturados logicamente por Joia (2007).

Quadro 1

CAUSAS DA RESISTÊNCIA A SISTEMAS DE INFORMAÇÃO

Vetor pessoas	Vetor sistemas	Vetor interação
Fatores internos às pessoas	Características do sistema	Interação do sistema – contexto de uso
Ausência de treinamento	Ausência de flexibilidade	Variante sociotécnica
Resistência à tecnologia	Interface gráfica/usabilidade percebidas como fracas	Interação do sistema com a divisão do trabalho
Medo de computadores	Complexidade desnecessária	Variante política
Nenhuma utilidade percebida no sistema	Projeto técnico inadequado	Interação do sistema com a distribuição do poder intraorganizacional

Fonte: Adaptado de Markus (1983) e Joia (2007).

Figura 13

DIAGRAMA CAUSAL DA RESISTÊNCIA A SISTEMAS DE INFORMAÇÃO

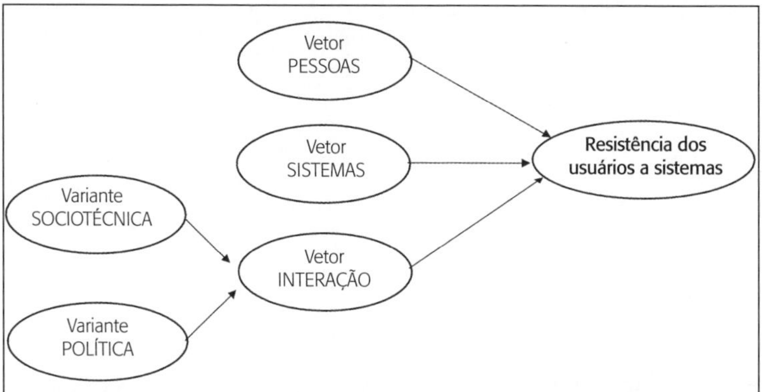

Fonte: Adaptado de Joia (2007).

Assim, neste capítulo abordamos o que são processos, a importância dos processos para a vantagem competitiva das empresas, a ligação estratégica de processos com TI e, finalmente, apresentamos uma metodologia abrangente para o redesenho de processos via tecnologia da informação.

Em seguida, mostramos como ter sucesso na inovação de processos via TI.

Terminamos este capítulo com a apresentação de modelos de resistência a sistemas de informação, com especial ênfase no modelo de Markus (1983), de modo que o leitor possa compreender por que projetos de TI falham e se capacitar para liderar, com êxito, projetos de implantação de sistemas de informação em suas empresas.

No próximo capítulo veremos as principais tecnologias e sistemas de informação, numa abordagem gerencial.

3

Tecnologias e sistemas de informação: uma abordagem gerencial

Este capítulo trata dos aspectos mais centrais que caracterizam a tecnologia da informação (TI) e de algumas de suas aplicações mais relevantes na gestão de empresas. Nosso objetivo é permitir que você consiga, de forma embasada, entender diversas situações em que a tecnologia da informação impacta o negócio das organizações. Para tanto, adotamos uma perspectiva gerencial, examinando o uso estratégico da TI e aprofundando-nos tecnicamente apenas o necessário para o entendimento básico do seu funcionamento.

Tendo em vista o escopo deste livro e seus objetivos, não pressupomos que você seja da área de tecnologia da informação ou tenha formação anterior em informática. Nossos objetivos também fazem com que os assuntos apresentados aqui sejam específicos, sem a ânsia de abranger completamente o tema em questão. Obras mais extensas, como Turban e Volonino (2009), Rainer e Turban (2009) e Turban (2008) são boas referências, caso você deseje aprofundar sua leitura.

Na primeira seção do capítulo, você se familiarizará com a evolução da arquitetura dos sistemas de computação ao longo do tempo. Essa rica trajetória já permitirá compreender vários usos dos computadores pelas empresas e, também, dará condições para entender as razões pelas quais, nas últimas décadas, a indústria de TI vem sendo uma das que mais têm crescido e impactado o mundo dos negócios.

Na segunda seção, examinaremos esse impacto mais de perto, enfocando alguns dos sistemas de informação mais relevantes para as organizações modernas, tais como o CRM, voltado para a gestão do relacionamento com clientes, e o BI, que oferece solução para uma maior compreensão sobre o negócio, a partir do cruzamento de dados. Veremos como estes e outros sistemas se encaixam na perspectiva geral dos sistemas de informação dentro de uma organização, por seus vários níveis e, também, no seu relacionamento com o ambiente externo.

Em seguida, analisaremos os sistemas ERP, que representam um sistema integrado para a gestão de todos os processos de uma organização. Por integrarem todo o negócio, os ERPs têm grande potencial de impacto nas organizações, desafiando os gestores das empresas.

O capítulo terá, ainda, uma quarta seção, dedicada a aprofundar a discussão sobre o CRM, tendo em vista a sua relevância e impacto para todos os tipos de organização.

A quinta seção do capítulo é dedicada ao comércio eletrônico, o qual representa a possibilidade de fazer negócio sem barreiras geográficas, com maior facilidade de integração de processos entre organizações. Isso traz uma série de relevantes novas questões para a estratégia das organizações.

Arquitetura de sistemas de computação

A arquitetura dos computadores, como os conhecemos e utilizamos cada vez mais em nossas vidas, é um desenvolvimento do século XX impulsionado por necessidades da II Guerra Mundial e propiciado por desenvolvimentos nas áreas de matemática e engenharia. Durante a década de 1940, o esforço de guerra direcionou recursos para a produção de máquinas tendo em vista a codificação de mensagens, cálculos de trajetórias balísticas e até simulação para treinamento de pilotos de aviões de guerra. Por outro lado, em 1945, John von Neumann propôs a arquitetura para a criação de computadores programáveis, na qual, até hoje, estão baseados os computadores mais modernos (Gates, Myhrvold e Rinearson, 1995; Rangel, 1999). À medida que se desenvolvia o interesse por computadores, as bases da chamada ciência da computação foram se solidificando, o que permitiu que se expandissem os problemas capazes de ser resolvidos por meio de algoritmos em computadores.

Nessa época, os computadores eram caros, quebravam com frequência e tinham de ser mantidos por equipes especializadas, em salas reservadas, frequentemente ocupando um grande espaço. O Eniac, famoso equipamento lançado em 1946, ocupava um espaço de cerca de 90 m^2 e era muito menos poderoso e de alcance e possibilidades de utilização muito menores do que o celular que carregamos no bolso atualmente. Com efeito, pensando em um computador sem tela e até sem teclado, nós temos dificuldade até de imaginar do que eram capazes aquelas máquinas. Não obstante, elas eram fonte de grande interesse das Forças Armadas, de diversas agências de governo e, não muito tempo depois, das empresas privadas — isto, sem mencionar os engenheiros e acadêmicos. No caso do Eniac, considerado o primeiro computador digital eletrônico programável do mundo, financiado pelas Forças Armadas dos Estados Unidos, o cérebro eletrônico seria utilizado tanto para cálculos de trajetória balística quanto para o desenvolvimento da bomba de hidrogênio.[1]

[1] Caso você deseje se aprofundar, Rangel (1999) oferece uma visão brasileira e bastante acessível sobre a história da computação. Muito material sobre o Eniac e sua história também estão disponíveis na internet, como o artigo de Weik (1961).

O interesse de agências governamentais e empresas não tardaria muito a crescer, já que o computador — principalmente após avanços em interface e programação — não apenas era capaz de cálculos em larga escala, mas também de realizar tarefas repetitivas com rapidez e precisão, tornando-se a alternativa preferida para necessidades de processamento de dados em larga escala, como a tabulação de censos demográficos ou mesmo de folhas de pagamento, áreas nas quais a IBM, antes mesmo dos computadores, mas ainda com máquinas mecânicas, era especializada.

É nessa fase inicial da computação que surge o termo processamento de dados, já que esta era a grande função dos computadores de então: tabular, transformar, calcular, enfim, processar dados. Os computadores, cujo porte foi progressiva e lentamente reduzido com o tempo, ficavam isolados nos chamados centros de processamento de dados (CPDs) e o processamento era todo centralizado. Mesmo quando, ao longo das décadas de 1960 e 1970, foram desenvolvidas interfaces com telas e teclados similares aos que utilizamos hoje, estes eram apenas dispositivos de entrada e saída de dados, mas não de seu processamento, ficando este centralizado no computador de grande porte (ver figura 14).

O crescente interesse pelos computadores, impulsionado pela Guerra Fria, pela corrida espacial e pelo próprio espírito empreendedor, fez com que os avanços na engenharia e na ciência da computação fossem vertiginosos nas décadas seguintes. Em 1965, Gordon Moore, um dos fundadores da Intel, cunhou a chamada Lei de Moore, prevendo um exponencial desenvolvimento da tecnologia associada à fabricação de computadores, mantendo-se um preço acessível. Seja para os transistores, a memória, a capacidade de processamento gráfico e até os *megapixels* nas câmeras digitais, progresso exponencial tem sido observado ao longo dos anos, por vezes com custos declinantes

— principalmente devido a economias de escala —, o que vem provocando grandes mudanças no impacto e no tipo de uso que se faz da computação.

Figura 14

Arquitetura centralizada

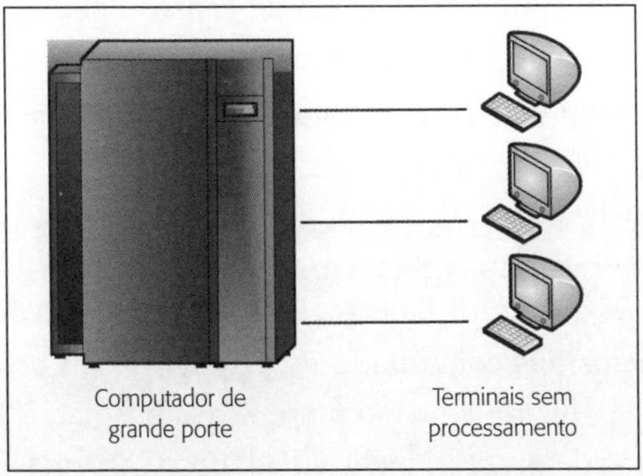

Um dos mais marcantes impactos se deu a partir do advento dos microcomputadores, isto é, de computadores pequenos, acessíveis economicamente e, ainda assim, poderosos em termos de processamento. Tais tipos de computadores, embora menos poderosos que os computadores de grande porte que eram seus contemporâneos, quebravam o paradigma do CPD e da era do processamento de dados. O computador passaria a poder ser utilizado por indivíduos e por empresas de médio e pequeno portes. Com interfaces cada vez melhores e mais ricas, também poderia ser utilizado em cada vez mais áreas e situações nas empresas.

Por exemplo, sistemas de contabilidade e controle de gestão, edição de textos, produção editorial ou de gerência de dados começaram a ser disponibilizados comercialmente e a atrair o interesse das empresas. Um dos exemplos fundamentais na transformação do microcomputador em uma ferramenta de negócios é o do VisiCalc, disponibilizado para o Apple II em 1979 e que implementou o conceito de planilhas eletrônicas, atualmente utilizado em praticamente qualquer tipo de organização. A figura 15 apresenta uma ilustração do VisiCalc de 1979, na qual pode-se ver a semelhança conceitual com o Microsoft Excel, produto do mesmo tipo e largamente utilizado hoje.

Figura 15

A PRIMEIRA PLANILHA ELETRÔNICA: O VISICALC NO APPLE II

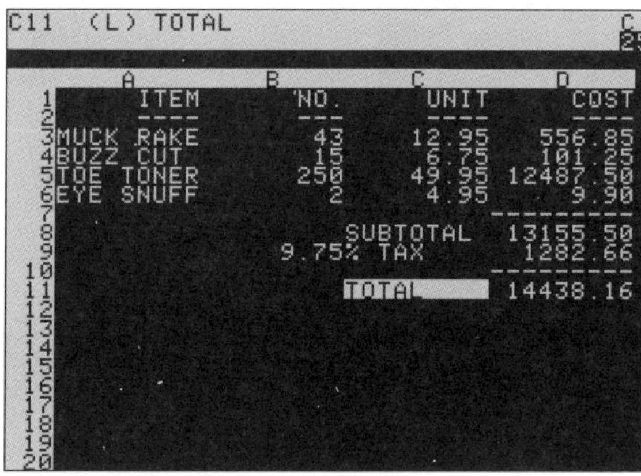

Fonte: <www.danbricklin.com>. Acesso em: set. 2010.

Outro avanço que, associado ao advento do microcomputador, mudou profundamente a utilização dos computadores nas organizações foi a popularização da tecnologia de redes. As redes permitem que diferentes computadores possam se comunicar e compartilhar dados e recursos. Uma única impressora ligada em rede aos computadores de uma empresa pode ser utilizada por todos. Mais ainda, as redes permitiram o desenvolvimento da arquitetura cliente-servidor, na qual programas executados em computadores diferentes passaram a se comunicar para solicitar (clientes) e fornecer (servidores) informações, dividindo-se também o processamento.

Os sistemas corporativos mais comumente utilizados seguem esse tipo de arquitetura. Numa empresa em que há um sistema de compras eletrônicas, tipicamente há um servidor que centraliza os controles e os dados, e há os clientes, computadores utilizados pelas diferentes pessoas da organização para, por exemplo, inserir pedidos de compras, autorizá-los ou gerar relatórios gerenciais. Nessa arquitetura, utilizada por inúmeros sistemas corporativos, os dados também podem ficar armazenados em separado, nos chamados sistemas de gerenciamento de bancos de dados (SGBD), que são especializados em armazenar, proteger e disponibilizar dados. A figura 16 ilustra essa arquitetura para um sistema corporativo hipotético, de modo a facilitar a compreensão do conceito.

Figura 16
ARQUITETURA CLIENTE-SERVIDOR

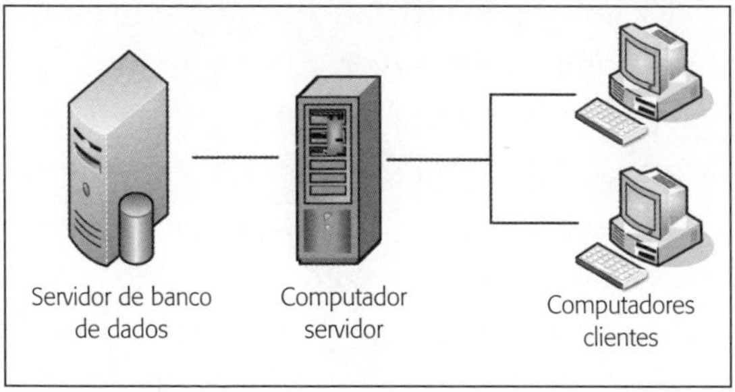

O conceito de redes foi levado ao extremo com o advento da internet, principalmente após a popularização da *world wide web* (www), ocorrida a partir de 1993. Por estar baseada em padrões públicos e abertos, a internet rapidamente foi adotada e se tornou ubíqua nos ambientes corporativos e até residenciais, o que fez com que o papel do computador na rotina das organizações evoluísse ainda mais, passando a ser uma eficiente ferramenta para comunicação e distribuição de informação, tanto interna quanto externamente à organização.

Tipicamente, os serviços disponibilizados na internet são baseados na arquitetura cliente-servidor, só que agora servidores e clientes podem estar tão distantes quanto se queira, espalhados por todo o planeta. Por exemplo, o navegador que utilizamos para acessar um site de uma empresa na internet é um programa do tipo cliente, que solicita dados a um computador servidor, o qual responde ao pedido disponibilizando imagens, textos e outros recursos oferecidos por aquele site. Quando mudamos o serviço para o de correio eletrônico, mudam o programa cliente — que passa a ser o de correio eletrônico, como o Outlook — e o servidor — que passa a ser de correio —, mas a arquitetura continua baseada no conceito cliente-servidor. A figura 17 ilustra essa situação, com a internet sendo representada por uma nuvem à qual diferentes redes e computadores são interligados. Nessa figura, foram destacados os protocolos[2] utilizados para a troca de informações entre computadores clientes e servidores nos casos da web e do correio eletrônico, tendo sido omitidos, para simplificação, equipamentos de rede e segurança.

Inicialmente, a web permitia apenas que acessássemos sites capazes de disponibilizar informações textuais interligadas em documentos de (hiper)texto, isto é, textos que poderiam ser lidos de forma não linear, de acordo com o desejo do leitor — clicar ou não nos *links* disponibilizados. Rapidamente, à medida que a rede crescia e as pessoas a experimentavam, imagens e outros objetos, como sons e vídeos, começaram a ser também integrados, o que foi decisivo para aumentar ainda mais sua popularidade. Com as pessoas interconectadas, empreendedores perceberam que a internet poderia ser utilizada para vendas a distância, o

[2] Protocolos são formas padrão de trocas de dados entre aplicações. No caso da web, o protocolo HTTP permite, por exemplo, que um navegador requisite uma página, ou ainda que dados de um formulário sejam recebidos por um servidor, entre outras funcionalidades.

que fez com que padrões para pagamentos e transações seguras fossem estabelecidos e possibilitassem o desenvolvimento do comércio eletrônico, atividade econômica das que mais cresceram entre o final do século XX e o início do século XXI.

Figura 17
ARQUITETURA INTERNET

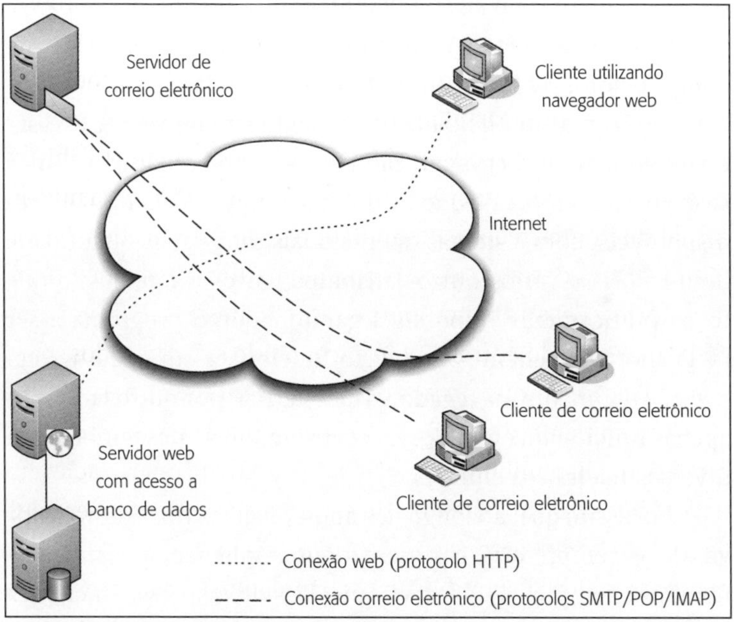

Um site de comércio eletrônico requer não apenas padrões para segurança na troca de dados e efetuação dos pagamentos, mas também o desenvolvimento de software, isto é, de programas de computador específicos para o funcionamento e o gerenciamento da loja on-line.

Seja pelo exemplo do comércio eletrônico ou por outros tipos de uso dados à web, como o do ensino a distância e o dos sites de relacionamento, ao longo do tempo consolidou-se a visão de que ela representava uma arquitetura alternativa para o desenvolvimento e a implantação de programas de computador, com grandes benefícios para a sua distribuição. Pela característica de ubiquidade da rede, a distribuição era naturalmente facilitada pela web, uma vez que todos já possuíam o navegador. Assim, diferentemente do que ocorre com a arquitetura cliente-servidor tradicional, na web basta que se disponibilize um *link* para que uma aplicação possa ser acessada. Compare as dificuldades envolvidas no sistema de acesso tradicional a um banco — em que o cliente tem de obter o programa e instalá-lo em seu computador a partir de um CD fornecido pela instituição bancária — com a simplicidade de o cliente simplesmente acessar o site do banco. A comparação torna-se ainda mais dramática caso você se lembre de que há inúmeros tipos de computadores disponíveis, com sistemas operacionais diferentes, quantidade de memória e vários outros atributos físicos diferentes, o que torna praticamente impossível garantir que o programa a ser instalado pelos clientes do banco funcionará em qualquer cenário. Atualmente, navegadores de internet, por outro lado, não apenas funcionam em todos os computadores, mas também em diversos telefones celulares.

Foi assim que, ao longo dos anos, diversos tipos de aplicativos de uso empresarial e pessoal foram implementados na internet. Por exemplo, após fazer aquisições de empresas iniciantes que inovaram na área, o Google passou a oferecer uma planilha eletrônica e um editor de textos via web, disponibilizando um serviço que, capitalizando o fato de todos estarem interligados via internet, também permite a colaboração entre diferentes usuários com mais facilidade que as soluções tradicionais. Em outro exemplo, a Salesforce.com disponibiliza uma ferramenta de CRM, via web, a qual permite que empresas tenham suas equipes de marketing e vendas rapidamente usufruindo um sistema avançado, sem a necessidade de implementar programas clientes ou servidores dentro de sua organização.

Esse tipo de disponibilização de software é conhecido como *software as a service* (software como um serviço ou Saas), pois basta que o serviço seja contratado para que a empresa possa utilizar os programas de computador de seu interesse. Mais recentemente, passou-se a adotar também a denominação *cloud computing* (computação nas nuvens) para representar esse tipo de arquitetura a partir da metáfora de que a internet é uma grande nuvem à qual todos estão conectados (ver figura 18). Essa arquitetura, como mencionado, tem suas vantagens ainda mais exacerbadas com sua extensão aos celulares inteligentes, o que possibilita que os sistemas disponibilizados na nuvem possam ser acessados em toda parte.

Figura 18
COMPUTAÇÃO NAS NUVENS

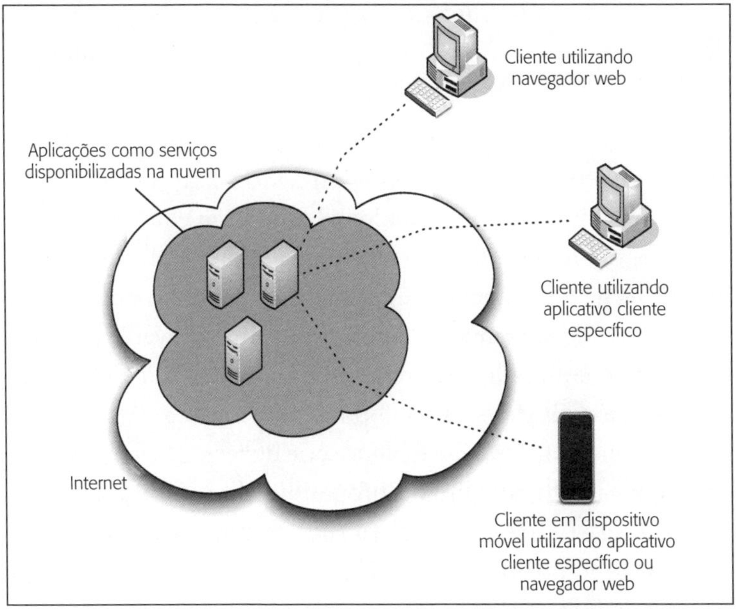

Ao longo dos anos, *pari passu* com todo o desenvolvimento tecnológico descrito anteriormente e o crescente potencial apresentado pelos computadores para aumentar a produtividade e permitir novas e melhores práticas em atividades ligadas à manipulação de informação, as empresas também passaram a gastar mais com peças e equipamentos, com desenvolvimento ou contratação de sistemas e com equipes de informática, o que as fez questionarem seus investimentos. Algumas perguntas simples, tais como "Os gastos com computação valem mesmo a pena? ou, ainda, "Os aumentos de produtividade prometidos podem ser comprovados?", provaram-se de difícil resposta, entre outras razões porque a complexidade e a variedade de alternativas oferecidas pela TI cresceram exponencialmente, de modo similar ao que previa a citada Lei de Moore. Para o adequado planejamento e a melhor avaliação de como diferentes alternativas podem ser úteis à sua empresa, na próxima seção abordaremos alguns dos principais tipos de sistemas de informação.

Principais tipos de sistemas de informação

A tecnologia da informação compreende uma série de artefatos, tais como computadores, impressoras, equipamentos de rede e programas de computador. Quando um conjunto desses artefatos é configurado e organizado para um determinado fim, diz-se que há um sistema de informação. É possível confundir-se um sistema de informação com apenas um software, um programa de computador. Entretanto, para que um determinado objetivo empresarial seja atingido, é necessário que haja, além do programa, a articulação de uma série de recursos, envolvendo não apenas equipamentos e programas de computador, mas também pessoas. É essa articulação de programas de computador (software), equipamentos (hardware) e pessoas que compõe um sistema de informação.

Na verdade, em uma mesma organização, vários sistemas de informação podem ser disponibilizados, atendendo a diferentes equipes e objetivos empresariais. Por exemplo, uma universidade tipicamente possui um sistema de informação para administrar suas atividades acadêmicas, outro para suas operações de ensino a distância, um terceiro para todo o lado financeiro e contábil, um quarto para gerir seu relacionamento com clientes corporativos, um quinto para gerir o correio eletrônico. Dependendo do caso, vários outros sistemas de informação poderiam fazer parte da realidade da universidade, tais como sistemas para implementar avaliações de cursos, facilitar o gerenciamento de projetos, permitir o cruzamento de dados do negócio e a melhor tomada de decisão, gerenciar impressões de trabalhos pelos alunos, entre muitas outras possibilidades. A figura 19 representa um conjunto de sistemas de informação possíveis para uma universidade, ilustrando o que acabamos de discutir.

Figura 19

Sistemas de informação em uma universidade

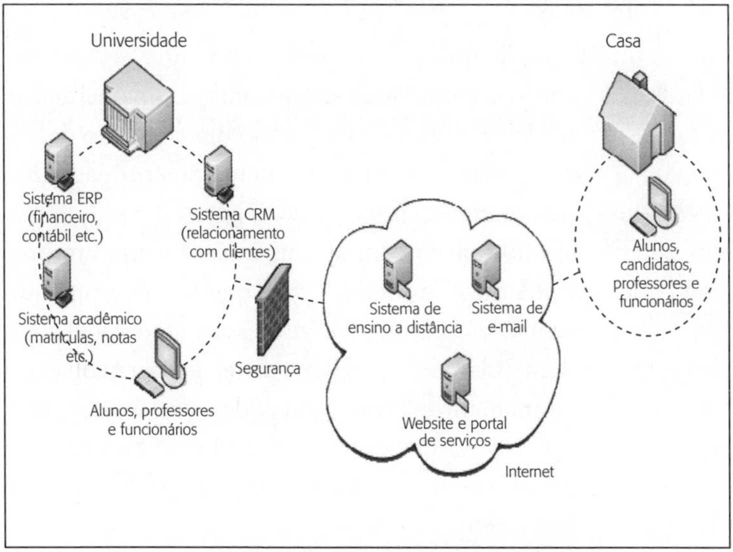

Conforme já evidenciou nossa discussão até aqui, mas é importante enfatizar, são várias as finalidades, os tipos e as categorias possíveis para sistemas de informação. Em primeiro lugar, é importante notar que há os sistemas de informação que lidam com fluxos e relatórios de informação dentro da empresa, enquanto há outros voltados para as relações da empresa com o mundo exterior. Cada vez mais, esses sistemas funcionam de modo integrado, o que aumenta seu potencial de contribuir positivamente para as empresas nas quais são instalados, conforme ficará claro a seguir.

Para facilitar nosso entendimento, inicialmente consideremos os sistemas que atuam na ligação entre uma empresa e o mundo exterior. A figura 20 exibe um cenário em que tal integração é feita tanto com consumidores finais quanto com clientes, parceiros e fornecedores empresariais. Propositadamente, utilizamos na figura 20 categorias de sistemas de informação mais típicas, sem termos a pretensão de que todas as possíveis estejam presentes.

Figura 20

SISTEMAS PARA INTEGRAÇÃO ENTRE ORGANIZAÇÕES

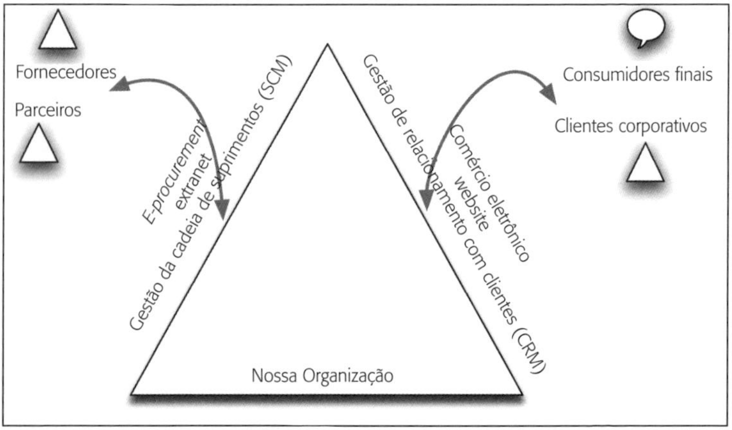

Fonte: Adaptado de Rainer e Turban (2009).

Na figura 20, as setas representam fluxos de informações e, quando for o caso, também o fluxo de mercadorias físicas e a prestação de serviços entre as partes. São destacadas seis categorias de sistemas de informação que atuam na fronteira entre a empresa e o mundo exterior, cujas finalidades e públicos-alvo principais estão explicitados a seguir, conforme Rainer e Turban (2009):

- *e-procurement*: trata-se de soluções que facilitam as aquisições de bens e serviços por parte da empresa, criando fluxos para autorização e organizando cotações, entre outros benefícios. Tais sistemas são utilizados com fornecedores externos;
- *extranet*: significa a disponibilização de acesso privilegiado a informações e sistemas da empresa para seus parceiros, objetivando-se um melhor relacionamento;
- *gestão da cadeia de suprimentos*: trata-se de soluções que permitem a integração da empresa com seus principais fornecedores, sendo fundamental em processos fabris de maior escala, por permitirem que se trabalhe com estoques, programação de produção e prazos de entrega otimizados;
- *gestão de relacionamento com clientes (CRM)*: visa ao gerenciamento de relacionamento com clientes e *prospects*, facilitando o atendimento pós-venda e a realização de campanhas de marketing;[3]
- *websites*: tratam da apresentação institucional e dos produtos da empresa para seus clientes, sendo cada vez mais importantes e complexos por envolverem a integração com sistemas internos e de fronteira, como o próprio CRM;
- *comércio eletrônico*: abrange um conjunto de implementações necessárias para que seja possível a comercialização

[3] Os sistemas de CRM serão detalhados em seção específica neste capítulo.

de bens e serviços da empresa via internet, tanto para o público corporativo (B2B, do inglês *business to business*) quanto para consumidores finais (B2C, do inglês *business to consumer*).[4]

Embora os sistemas de informação tenham sido destacados como de fronteira, isto é, voltados para a integração da empresa com o mundo exterior, não se deve entender que eles sejam estanques, dissociados dos sistemas de informação de uso interno. Ao contrário: seu verdadeiro potencial só é maximizado se estiverem bem-integrados aos processos internos da organização.

Pensando-se em um enfoque mais interno à organização, também podemos ter diversos tipos de sistemas de informação em funcionamento, atendendo desde as atividades mais operacionais até o acompanhamento dos resultados do negócio por parte dos mais altos executivos. A figura 21 apresenta algumas das principais categorias de sistemas de informação utilizados internamente em uma organização, associando-os a diferentes níveis de função gerencial.

Na figura 21, primeiramente é importante compreender-se a base que sustenta os sistemas da organização, representada, em seu nível mais inferior, pela infraestrutura de TI, que compreende toda a plataforma tecnológica — o que envolve equipamentos como servidores, computadores de uso geral, a rede e software de mais baixo nível, como os sistemas operacionais. A infraestrutura de TI também envolve a presença de uma equipe de profissionais e a prestação de serviços, como o suporte e a administração dos servidores e da rede, necessários para que os demais sistemas de informação funcionem.

[4] O comércio eletrônico será abordado em seção específica neste capítulo.

Figura 21

CATEGORIAS DE SISTEMAS DE INFORMAÇÃO E NÍVEIS ORGANIZACIONAIS

Fonte: Adaptado de Rainer e Turban (2009:61).

Ainda na base, estão o ERP e demais sistemas de processamento transacionais. Enquanto o ERP permite a sustentação e a integração dos demais sistemas específicos, os sistemas transacionais de processamento representam todos os sistemas que coletam dados no dia a dia da organização. Por exemplo, um sistema associado a uma caixa registradora ou um sistema de ponto.[5]

Ainda nos atendo à figura 21, observemos que na parte superior, à esquerda, são citadas várias categorias de sistemas mais utilizados em uma organização. A seguir, comentamos cada um deles, valendo-nos de Rainer e Turban (2009:61):

- *sistemas de escritório*: aumentam a produtividade do trabalho em um escritório, envolvendo editores de texto, planilhas

[5] O ERP, pela sua importância, será estudado em seção específica neste capítulo.

eletrônicas, calendários, entre outros. Entre essas aplicações estão o Word, o Excel e também aplicações oferecidas com base na arquitetura nas nuvens, como o Google Docs;

- *sistemas de áreas específicas*: permitem que processos em diferentes áreas de uma organização sejam informatizados, envolvendo uma infinidade de possibilidades, dependendo da área de negócio de cada organização. Enquanto os ERPs trazem sistemas ligados a processos presentes em todas as organizações, como o financeiro, os recursos humanos e a contabilidade, em muitos casos são necessários sistemas com funcionalidades próprias para os processos de cada empresa. Por exemplo, em uma universidade poderiam ser necessários sistemas para ensino a distância, matrícula de alunos, controle de notas, gestão de avaliações de cursos, correção de provas, registro de frequência dos alunos, entre outros;
- dashboards *ou painéis de controle digitais*: trazem informações a respeito dos indicadores mais relevantes para o negócio da organização, permitindo o melhor entendimento do negócio e a tomada de decisão. Os painéis de controle podem ser personalizados de acordo com o perfil do usuário, permitindo-se indicadores mais ou menos agregados, por exemplo, associados a um departamento ou unidade de negócio específicos;
- *sistemas de BI* (business intelligence): similarmente aos painéis de controle, também são focados na extração de dados para melhorar o conhecimento do negócio e a tomada de decisão. Entretanto, estão associados ao cruzamento de informações e ao cruzamento de dados de modo bem mais complexo que os indicadores fornecidos pelos painéis de controle.

A categorização utilizada, embora abrangente, não tem a pretensão de incluir todas as categorias de sistemas de informação possíveis. Além disso, é importante notar que, às vezes, um determinado sistema poderá ser visto como, ao mesmo tempo, de um tipo e de outro: há ERPs que trazem funções de áreas específicas, atendendo à área hospitalar ou à educacional de forma integral. Também relativizando a categorização feita, o próprio Microsoft Excel pode ser utilizado para extração de dados na forma de tabelas dinâmicas, sendo uma alternativa bastante interessante ao BI para organizações com restrições orçamentárias.

Tendo isso em perspectiva, a figura 21 mostra como os sistemas de informação estão ligados a todos os níveis e funções em uma organização, colaborando desde as transações mais operacionais e simples até as tomadas de decisão estratégicas, permeando todo o fluxo de atividades envolvidas nos processos. Mesmo em uma empresa de pequeno ou médio porte, vários podem ser os sistemas de informação utilizados, sendo certo que em empresas grandes esse número frequentemente passa de dezenas de sistemas. Lembremos que também vimos, nesta seção, que a empresa se utiliza de sistemas de informação para compras, vendas e troca de informações com fornecedores, parceiros e clientes, aumentando ainda mais a importância e a complexidade das soluções de sistemas de informação.

Nesse contexto complexo, uma das maiores dificuldades encontradas pelas organizações é a integração entre os diferentes sistemas utilizados, especialmente os transacionais. O ERP, que será estudado na próxima seção, é um tipo de solução justamente para esse problema.

ERP: características, oportunidades e desafios

À medida que a computação evoluía, cada vez mais sistemas de informação foram sendo utilizados para apoiar os processos produtivos das empresas. Ainda na era dos computadores de grande porte, para apoiar o fluxo de processos em atividades de manufatura de forma integrada e otimizada, foram desenvolvidos sistemas para planejamento de recursos, denominados *manufacturing resource planning* (MRP). À medida que a arquitetura de computação evoluiu para o modelo cliente-servidor e as redes se tornaram populares, os sistemas de informação tornaram-se presentes em mais áreas das organizações, o que terminou por dar lugar a sistemas que abrangiam mais do que os processos da manufatura, os quais passaram também a integrar outras áreas da organização, tais como recursos humanos, financeira e contábil. Esses sistemas mais abrangentes, derivados dos MRPs, passaram a ser conhecidos como ERPs, justamente por incorporarem outros aspectos além dos processos da manufatura — o "*E*" de *enterprise* substituiu o "*M*" de *manufacturing*, formando então o termo *enterprise resource planning*.

Abrangência e integração são conceitos-chave no entendimento dos sistemas do tipo ERP. Ao longo dos anos, o ERP tem mostrado uma tendência de abranger cada vez mais atividades, substituindo os sistemas de áreas específicas ou departamentais das empresas. Ao mesmo tempo, os sistemas ERP também são uma plataforma que permite a integração dos demais sistemas, facilitando, otimizando e, assim espera-se, barateando seu funcionamento.

Tipicamente, um ERP oferece soluções para os principais departamentos que atuam na gestão das empresas, tais como o financeiro, a contabilidade, vendas, compras, operações e produção. A Totvs, um dos principais fornecedores brasileiros de ERP, indica os seguintes resultados do uso de sua solução:

- integração e velocidade de comunicação entre os processos de negócio;
- automatização e armazenamento da informação;
- melhoria no planejamento e alocação de recursos;

- visão unificada e integrada das operações da empresa;
- maior subsídio para tomadas de decisões.[6]

A característica da abrangência e a expectativa de integração que fazem parte do ERP dão a esse tipo de solução a importância e o impacto que possui dentro das organizações. Se é verdade que uma solução de ERP pode representar resultados fundamentais como os elencados, por outro lado, quando algo dá errado na implementação ou na manutenção da solução, igualmente os impactos podem ser grandiosos, só que negativamente.

A implantação de um ERP em uma empresa não é trivial, e o processo pode envolver dezenas de meses e consultores, dependendo do porte da empresa e do nível de customização desejado. Os tipos de problemas que podem surgir são variados, tais como: é preciso integrar ou migrar dados de outros sistemas utilizados; é preciso treinar e estimular as pessoas da organização a utilizarem o novo sistema; os custos podem ser elevados; é preciso remodelar processos de trabalho em virtude da modelagem própria do ERP.

Em tese, as soluções de ERP implementam processos modelados a partir das melhores práticas existentes, o que traria valor para as organizações que as adotam. Este valor, entretanto, deve ser relativizado. Por exemplo, ao adotar processos padronizados, uma empresa pode perder identidade e diferenciação, perdendo fontes de vantagens competitivas.

Outra dificuldade que se pode ter com ERPs está ligada aos custos, como mencionado. Não apenas as implementações podem ser custosas e demoradas, mas, na medida em que se crie grande dependência de uma organização em relação a um ERP e se invista pesadamente na implementação do sistema, fica cada vez mais oneroso trocá-lo por um terceiro. Assim,

---

[6] Informações transcritas do site da empresa. Disponível em: <www.totvs.com/software/erp>. Acesso em: out. 2010.

após adotarem um ERP, as organizações, muitas vezes, se veem presas a um determinado fornecedor específico, sendo obrigadas a pagar preços elevados por isso. Em alguns casos, esse poder de mercado se materializa de modo tão forte que o fornecedor de ERP precifica módulos e implementações adicionais em função do faturamento da empresa cliente.

Ao pensar em soluções ERP para sua organização, você deve pesar com cuidado vários dos aspectos mencionados. É importante não perder a noção de que, normalmente, é um requisito para a paridade competitiva possuir um sistema ERP. Entretanto, é preciso tomar cuidado para não se fazer um investimento exagerado ou com contratos nocivos à empresa no longo prazo, tornando o sistema uma desvantagem competitiva. Há soluções de ERP com preços — e funcionalidades — reduzidos ou mais elevados, o que permite a escolha, por parte de uma empresa contratante, daquilo que melhor lhe convém. Essa escolha deve estar baseada não apenas em atributos e necessidades de curto prazo, mas, principalmente, no que se projeta para o longo prazo, tanto em termos de evolução das necessidades da empresa quanto em relação à evolução dos seus gastos com a solução. As empresas fornecedoras de tecnologia frequentemente utilizam como estratégia fornecer uma implantação mais barata para, posteriormente, faturar mais oferecendo serviços exclusivos dentro da sua plataforma. Quem contrata soluções deve ter isso em mente, não se deixando iludir e realmente projetando as necessidades e os gastos com ERPs para períodos longos, de cinco ou mais anos.

Na próxima seção, voltaremos nossa atenção para outro dos mais importantes sistemas de informação utilizados pelas organizações: o CRM.

CRM

Todas as empresas possuem clientes e, como tal, sempre gerenciaram, de uma maneira ou de outra, com maior ou menor atenção, o seu relacionamento com eles. Para melhorar os resultados dessa atividade, surgiram os sistemas do tipo CRM, hoje largamente utilizados pelas organizações.

O CRM pode ser utilizado tanto para aquisição de novos clientes quanto para o aprofundamento do relacionamento e a retenção dos clientes atuais. Tipicamente, os sistemas vendidos como CRM possuem soluções para automação da força de vendas, gestão do relacionamento com clientes e também para ações de marketing.

Por meio do módulo de força de vendas, o CRM ajuda as áreas de vendas e os *call centers* a operarem melhor. Equipes de vendas podem utilizar o CRM para organizar e desenvolver oportunidades em seus clientes corporativos e até de varejo, registrando e programando as etapas de uma venda. Várias questões relevantes ligadas a vendas podem ser solucionadas por um CRM, tais como definição de preços e níveis de desconto, estabelecimento de territórios de atuação de cada vendedor e distribuição de novos *leads*, mensuração do desempenho individual dos vendedores, entre várias outras. A figura 22 exibe uma funcionalidade típica dos sistemas do gênero, a capacidade de estimar as vendas futuras seguindo-se o modelo do *pipeline* ou funil de vendas, isto é, o progresso das várias oportunidades de vendas é trabalhado pelos vendedores de uma equipe.

Em relação à gerência do relacionamento e à retenção de clientes, o CRM permite que se registrem pedidos e contatos realizados com eles e também que se estruture como a organização vai atender a tais pedidos. Com isso, é possível oferecer um melhor atendimento pós-venda (mesmo em uma empresa grande) e em larga escala. Especificamente para gerir a prestação de serviços de pós-venda, o CRM pode trazer, dependendo do fornecedor, ferramentas de gestão de pedidos ou tíquetes abertos pelos clientes, agendamento de serviços e ações, possibilidade de programação de fluxos de trabalho e ferramentas de análise, entre outros.

Figura 22

O CRM Microsoft Dynamics e o *pipeline* de vendas

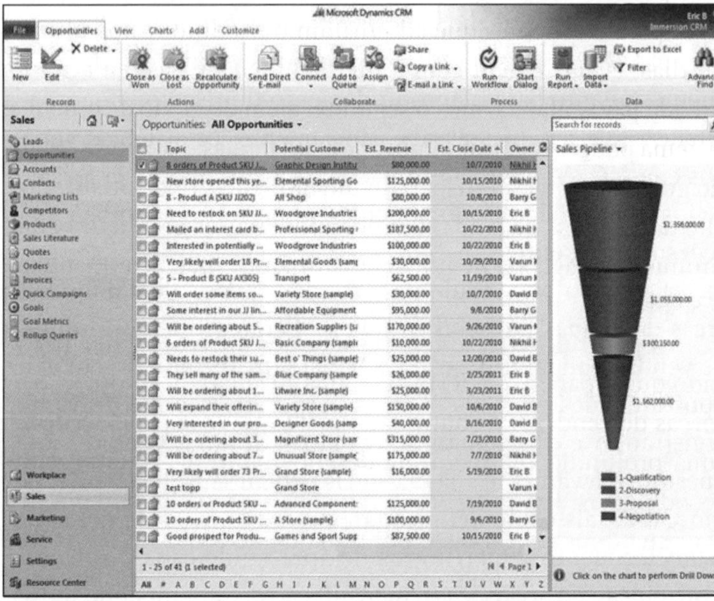

Fonte: <http://crm.dynamics.com/pt-br/trial-overview>. Acesso em: 25 fev. 2012.

Também podemos destacar as possibilidades de o CRM ajudar no marketing e na exploração de novas oportunidades de vendas para os clientes existentes de uma empresa. É possivel que este seja o terreno no qual o CRM mais pode oferecer benefícios para uma organização, dependendo, é claro, do negócio e dos processos que a empresa implementar. Afirmamos isso porque, com processos adequadamente estabelecidos e um sistema de CRM bem-implantado, é possível que uma organização seja capaz de descobrir soluções ideais para oferecer a seus clientes, em lugar de atuar apenas reativamente (Peppers e Rogers, 2001).

Um CRM também permite às equipes de marketing a criação de ofertas personalizadas. Além de essas ofertas poderem ser analisadas e disparadas manualmente, também podem ser disponibilizadas a partir de processos automáticos. Por exemplo, poderia ser programada no CRM uma regra do seguinte tipo: para os clientes que adquiriram o produto *X* nos últimos 30 dias, *enviar e-mail* com a oferta *W*. Nesse caso, a ação foi grifada para enfatizarmos o seguinte: além do envio de e-mail, o sistema poderia realizar também outras tarefas. Para cada cliente do grupo poderia ser disparado um SMS ou ser personalizado o site da empresa na web ou, ainda, poderia ser criado um compromisso na agenda de um vendedor, que então acompanharia esse processo.

A partir dessa descrição, esperamos que você tenha percebido que o papel do CRM vai realmente além da automação de forças de vendas. Por outro lado, para que esse papel se dê em uma profundidade maior, há desafios tanto de gestão quanto tecnológicos. Em primeiro lugar, só haverá realmente um melhor atendimento e um melhor trabalho de vendas se as pessoas efetivamente utilizarem a ferramenta e buscarem, de fato, agir dentro da filosofia do CRM. Por outro lado, dependendo do cenário, os clientes podem interagir com uma organização de várias maneiras: por um *call center* telefônico, via um website, via e-mail e também por contatos presenciais. É um grande desafio tecnológico integrar todas essas interações em torno de um mesmo sistema, o que pode fazer com que a potencialidade da solução nunca seja atingida.

O desafio tecnológico na implantação de CRMs tem a ver com o fato de ele estar na fronteira entre a organização e o público externo, na qual o desafio da integração é maior do que em soluções apenas voltadas para o interior da empresa. Com isso, mais do que os ERPs, os CRMs têm evoluído, acompanhando a evolução da arquitetura de TI. Por exemplo, um dos CRMs mais relevantes no mercado mundial é o Salesforce.com, oferecido na modalidade de computação nas nuvens. Além disso, praticamente todas as soluções de CRM relevantes atualmente funcionam em celulares e também são integráveis aos websites e seus mecanismos de comércio eletrônico — assunto abordado na próxima e última seção deste capítulo. Da mesma maneira, o CRM também tende a ser conectado com as redes sociais, como o Facebook <www.facebook.com>.

A gestão do relacionamento de uma organização com seus clientes é uma questão profunda e delicada, envolvendo opções estratégicas, táticas de atuação, cultura das organizações, entre outros pontos, indo bem além dos aspectos tecnológicos. Não cabe, no escopo deste livro, esgotar esse assunto. Caso você se interesse por se aprofundar no tema, duas excelentes leituras são o amplo manual de Peppers e Rogers (2011), que propõem um modelo para implantação de CRMs, e o livro de Greenberg (2009), o qual provoca uma rica série de reflexões sobre o tema, trazendo também diversas sugestões de técnicas de uso e implantação de CRM.

Comércio eletrônico

O comércio eletrônico que conhecemos hoje surgiu a partir da exploração comercial da internet — uma iniciativa inicialmente acadêmica que rapidamente ganhou grande popularidade após a criação da *world wide web*, no início da década de 1990. Antes da internet, já havia comércio eletrônico entre empresas, as quais se utilizavam de tecnologias anteriores, mais notadamente o *electronic data interchange* (EDI), que lhes permitia trocar dados eletronicamente por meio de redes privadas. Entretanto, foi somente após a internet que se tornou possível a realização de comércio eletrônico com consumidores finais, que, tal qual podiam fazer anteriormente por telefone ou correio, passaram a poder se relacionar remotamente, mas de modo direto, com as empresas das quais adquiriam bens e serviços.

É comum fazermos referência ao comércio eletrônico entre empresas com o acrônimo B2B (do inglês *business to business*), enquanto usamos para o comércio eletrônico entre empresas e consumidores finais o acrônimo B2C (de *business to consumer*). Além dessas modalidades, pelo menos outras três são destacadas na literatura específica da área: C2C (de *consumer to consumer*), que enfatiza a possibilidade de pessoas físicas venderem diretamente para outras, o que pode ocorrer em websites, como o Mercado Livre; G2C (de *government to citizen*), que tem a ver com a possibilidade que a internet traz de o governo prestar serviços diretamente aos seus cidadãos, via internet; e B2E (de *business to employee*), relacionada à automação de processos entre uma empresa e seus empregados (Ramos et al., 2011).

A lista de siglas do parágrafo anterior (B2B, B2C, C2C, G2C e B2E) sinaliza para a abrangência e a relevância das soluções de comércio eletrônico para as organizações. De fato, a perspectiva ideal, ao pensarmos em comércio eletrônico, não é a de que estejamos pensando apenas em um novo canal e ferramentas para vendas ou aquisições eletrônicas. Trata-se, na verdade, de soluções que permitem um conjunto bem mais amplo de possibilidades, envolvendo não apenas vendas e transações, mas também atendimento e relacionamento com clientes, marketing de produtos e serviços, pesquisa de mercado, integração de processos entre cadeias produtivas, desenvolvimento de produtos em colaboração com parceiros, entre outras possibilidades. Por esta razão, muitos autores, como Rainer e Turban (2009), preferem o uso do termo *e-business*, naturalmente mais abrangente por traduzir a ideia de negócios e não apenas de vendas.

O comércio eletrônico B2B é muito relevante, especialmente nas empresas de maior porte, que automatizam suas áreas de compras por meio de soluções de *e-procurement*, as quais permitem a integração entre o processo de aquisições de uma empresa e o processo de vendas da sua fornecedora. Tais soluções trazem uma grande gama de benefícios, permitindo desde a redução do quadro de profissionais — devido à automação das tarefas — até o aumento da transparência e da facilidade de auditagem das transações, passando pela redução nos preços decorrente do uso de leilões reversos, nos quais fornecedores competem oferecendo preços cada vez mais baixos.

Em sua forma mais simples, o *e-procurement* pode ser feito via web e através da utilização de sites especializados nesse tipo de serviço, como o Mercado Eletrônico <www.me.com.br>, um dos líderes no segmento no Brasil. Nessa modalidade, o *e-procurement* pode ser vantajoso mesmo para uma empresa de menor porte, que passa a poder solicitar cotações de produtos que deseja adquirir, assim como proceder a um leilão reverso para determinar o fornecedor ao qual fará seu pedido.

Os leilões reversos são processos análogos aos pregões para compras governamentais realizados no Brasil. Após um processo inicial de cotação, em um horário marcado, os fornecedores conhecem a oferta de menor preço e podem, até o ponto em que desejarem, reduzir a sua oferta. De modo reverso em relação aos leilões tradicionais, vence o fornecedor que, esgotado o tempo de leilão, tiver oferecido o menor preço. Os leilões reversos podem ser feitos com diferentes nuances — pode-se ou não divulgar de antemão quem são os competidores, ou pode-se limitar o número de lances —, mas sempre são realizados para criar uma competição entre os fornecedores e reduzir o preço pago pelo comprador (Rainer e Turban, 2009).

As empresas maiores e mais capazes de realizar investimentos em sistemas de informação normalmente se utilizam de soluções de *e-procurement* integradas aos seus demais sistemas de gestão. Tal fato aumenta o potencial de benefícios dessa solução em virtude da maior integração dos processos, o que aumenta a velocidade, a precisão e facilita a tomada de decisão em razão de as informações estarem integradas. Empresas como a

SAP e a Oracle permitem que seus clientes de ERP implementem módulos para *e-procurement*. Além disso, também há soluções especializadas em *e-procurement* — como a plataforma da Ariba — que podem ser integradas aos principais ERPs utilizados no mercado, o que permite que uma empresa possa fazer aquisições ou fornecer seus produtos para empresas que se utilizem de diversas outras plataformas.

Um exemplo interessante, relacionado ao último ponto mencionado, é o da IBM atuando como fornecedora. A empresa oferece uma plataforma para que seus clientes corporativos façam seus pedidos diretamente, mas exige, como pré-requisito, que o cliente possua "um aplicativo de *e-procurement* compatível (Ariba, Commerce One, Oracle, SAP ou PeopleSoft)" (IBM, s.d.). Além disso, é interessante conhecer e refletir sobre os benefícios que a empresa lista para seus clientes: ciclos mais curtos, pedidos eletrônicos práticos, controle centralizado de gastos, redução de custos e aumento de eficiência (IBM, s.d.).

No lado dos compradores, um dos maiores casos de comércio eletrônico brasileiro é o portal ComprasNet <www.comprasnet.gov.br>, pelo qual órgãos públicos federais adquirem bens e serviços através de leilões reversos — no Brasil, legalmente denominados "pregões eletrônicos". Em relatório do Ministério do Planejamento sobre o ano de 2009, o governo declarou ter realizado pregão eletrônico em 86% dos seus processos de compra, gastando R$ 20,5 bilhões e economizando, em virtude da baixa de preços decorrente do processo de leilão reverso, R$ 5,5 bilhões (Brasil, 2009).

Além do *e-procurement*, que é ligado a transações pontuais, outro tipo de solução relacionada com o comércio eletrônico entre empresas é o *supply chain management* (gerenciamento de cadeia de suprimentos), por meio do qual empresas podem se comunicar continuamente, às vezes em tempo real, de modo a sincronizar suas atividades produtivas. As soluções de *supply chain management* permitem a integração da logística de uma empresa com a de outra, fortalecendo e acelerando, de fato, os fluxos de informação nos elos ao longo de uma cadeia produtiva. Previsões de demanda passam a ser feitas de forma mais correta, o que permite a otimização dos fluxos de produção e a redução de estoques em todas as partes. Além disso, se as próprias fábricas forem organizadas em torno desse conceito e houver integração até o consumidor final, surgirá a possibilidade de customização em larga escala. Por exemplo, caso consideremos a indústria têxtil, não apenas é possível que a fábrica de roupas produza mais, de acordo com a demanda que consegue coletar diariamente a partir de seus pontos de venda, mas também que roupas sob medida sejam produzidas e entregues rapidamente a seus clientes.

Malone, Yates e Benjamin (1987) fornecem, em artigo clássico, uma análise bastante aprofundada acerca do comércio eletrônico entre empresas. Caso você deseje conhecer outros casos de comércio eletrônico entre empresas no Brasil, Lowenthal (2005) traz vários exemplos, que incluem entrevistas com os executivos envolvidos. Para obter maior compreensão a respeito da implantação de soluções de *e-procurement*, recomendamos a leitura de Hsiao e Teo (2005), que propõem uma série de boas práticas a partir da análise de dezenas de casos. Para conhecer um fascinante exemplo de empresa da indústria têxtil que se utilizou da TI para ganhar vantagem competitiva pela integração na cadeia de suprimentos, sugerimos a leitura do texto de Lee, Farhoomand e Ho (2004).

Conforme mencionado, antes da internet já havia comércio eletrônico entre empresas através do EDI — um padrão para troca de dados que era disponibilizado por fornecedores de tecnologia através de redes privadas, como a da Embratel. Como há vários sistemas legados baseados no padrão do EDI e trata-se de solução robusta e segura, ainda se utiliza bastante tal tecnologia. No entanto, hoje em dia é possível usar a internet como rede para a troca de dados no padrão EDI sem que seja mais necessária a contratação de redes privadas. Também é possível fazer-se o acesso a sistemas EDI por meio de formulários web, o que permite que parceiros de menor porte possam participar das interações eletrônicas. Esse tipo de solução é conhecido como web EDI, e sua principal vantagem é a maior facilidade de empresas menores participarem do processo de troca de informações eletrônicas (Jilovec, 2004).

No lado B2C, o comércio eletrônico tem crescido muito no Brasil. Não são incomuns relatos de empresas que afirmam que suas vendas por meio do comércio eletrônico têm crescido muito mais do que o varejo tradicional. Além disso, as pesquisas *webshoppers*, organizadas pela e-Bit <www.webshoppers.com.br>, têm demonstrado taxas de crescimento da ordem de 40% para o varejo eletrônico brasileiro nos últimos anos. Embora itens como livros e CDs liderem o *ranking* de produtos mais vendidos pela web — por sua logística mais simples e por serem padronizados —, inúmeros outros itens também são vendidos eletronicamente. Artigos eletrônicos, cosméticos, roupas, brinquedos, música em formato digital, entre muitos outros, são exemplos de produtos oferecidos on-line, aos quais também podem ser acrescentadas as passagens aéreas.[7]

Com a popularização da internet e a ascensão do poder aquisitivo das classes mais baixas ocorrida no Brasil, o comércio eletrônico também vem sendo adotado por consumidores de classes econômicas menos favorecidas. Isso tem feito com que o público-alvo do varejo eletrônico esteja se aproximando daquele encontrado no varejo tradicional. Hoje, já se podem encontrar

[7] Ramos e colaboradores (2011) apresentam análise do comércio eletrônico brasileiro em diversas indústrias.

na web lojas eletrônicas de varejistas mais populares, como Casas Bahia — que inauguraram sua loja on-line somente no ano de 2009.

O progresso da internet e as possibilidades de realização de negócios digitais têm ensejado análises, perspectivas e discussões muito ricas e inovadoras, e, possivelmente, isso continuará a ocorrer nos próximos anos. Autores como Michael Porter (2001) e Don Tapscott (2001) travaram rico debate, discutindo se a internet representa apenas mais um canal ou se abre toda uma nova perspectiva para a organização da produção.[8] Carl Shapiro e Hal Varian — este último famoso economista que ocupou o inusitado cargo de *chief economist officer* no Google — publicaram volume indispensável (Shapiro e Varian, 2003), no qual analisam o funcionamento de várias das engrenagens fundamentais e os impactos econômicos da valorização da informação no formato digital. Em análise de grande repercussão, Chris Anderson enfatizou como a internet permite que se ofereçam produtos e serviços digitais gratuitamente ou a preços radicalmente baixos (Anderson, 2009) e, ainda, como livros e músicas de autores pouco conhecidos são tão ou mais relevantes no comércio on-line do que aqueles produzidos pelos autores mais famosos, estabelecendo sua teoria da chamada cauda longa (Anderson, 2006).

A propaganda e o marketing também foram e permanecem sendo afetados de modo capital pela internet. Não apenas a internet representa uma nova mídia — ocupando espaço de outras mais tradicionais, como o rádio, a TV e os jornais —, como também tem promovido alterações na estrutura desses setores, promovendo desintermediação e, ao mesmo tempo,

---

[8] Para acompanhar esse debate, ver Porter (2001) e Tapscott (2001); para uma abordagem mais recente de como a internet estaria alterando o modo de produção de bens e serviços da economia, leia Murray (2010).

a criação de novos intermediários. O Google, com seu serviço AdWords, é exemplar em todos esses aspectos. Por meio desse serviço, que representa a maior parte da receita bilionária da empresa, anunciantes podem — sem precisar de agências — disponibilizar seus anúncios diretamente nas páginas de busca e demais páginas da rede do Google, pagando centavos por cada clique recebido. Para ajudar os anunciantes a trabalhar melhor com tal serviço e com ferramentas de busca em geral, outros intermediários surgiram, especializados nos mercados digitais.

O comércio eletrônico é capaz de provocar grandes transformações nas indústrias, trazendo, ao mesmo tempo, oportunidades e ameaças. Enquanto por um lado há oportunidades importantes associadas à exploração de novos mercados e à integração com clientes e fornecedores a custos menores, por outro lado as barreiras à entrada caem e o consumidor está mais informado, o que, de maneira geral, ameaça a lucratividade (Porter, 2001). Saber lidar com esses efeitos, em um cenário no qual a transformação e as inovações são a única certeza, não é um exercício simples.

Embora haja algum amadurecimento, as transformações e inovações ainda são grandes. Empreendimentos como o Twitter ou o Facebook — websites de extremo sucesso no início de 2010 — atingiram a fama e um enorme alcance bem antes de significarem efetivamente bons negócios, em termos de receita e margem de lucro. No Brasil, serviços variados como websites de apoio e motivação para dietas alimentares, agregadores de ofertas diárias e de compras coletivas (como o Peixe Urbano) são apenas alguns exemplos de serviços inovadores que floresceram recentemente. Para obter sucesso, é necessário acompanhar as mudanças e, principalmente, pensar com o paradigma do futuro, em vez de estar preso a regras e conceitos do passado.

Neste capítulo, procuramos trazer a você uma descrição da evolução da tecnologia da informação e de como tal evolução tem possibilitado avanços e desafios nos negócios, destacando as principais categorias de sistemas de informação existentes e, em caráter especial, o ERP, o CRM e o comércio eletrônico. Após essa leitura, você deve estar mais apto a refletir sobre os impactos, as oportunidades e os desafios gerenciais associados a tais sistemas.

No próximo capítulo, estudaremos como alinhar a tecnologia da informação e a estratégia de negócios de uma empresa.

4

Alinhamento estratégico da TI

Quanto maior a presença da TI na sociedade, mais recursos financeiros são canalizados para ela — e maior a dependência de empresas e pessoas com relação ao seu uso. Assim, é fundamental que tenhamos certeza de que estamos obtendo o melhor retorno possível desses recursos, ou seja, de que a TI está atendendo às prioridades das organizações. O desafio para que isto aconteça é conhecido como alinhamento estratégico da TI.

Neste capítulo, apresentaremos uma ideia geral de como esse desafio se apresenta para os gestores da organização e das dificuldades envolvidas. Em seguida, analisaremos quais as estruturas internas de uma área de TI e como elas estão relacionadas com a maturidade do uso de TI pela empresa. A seguir, estudaremos o papel do principal executivo de TI nas empresas, o *chief information officer* (CIO), e quais as atividades que ele precisa desempenhar para garantir à empresa um bom serviço de TI. Conheceremos, então, as técnicas mais comuns usadas para obter o alinhamento estratégico da TI e como podem ser usados recursos externos para prover os serviços de tecnologia da informação necessários a uma organização.

Desafios organizacionais

Para qualquer organização, obter os resultados desejados de TI é uma tarefa específica, que requer cuidados e preparação. No início da utilização do computador, quando seu maior uso era na automação de rotinas existentes, a definição do que deveria ser feito era simples e os resultados, muito evidentes. Com a evolução do uso da TI para novas atividades e com o aumento da competição, ambos os aspectos se tornaram mais complexos.

Os desafios mais comuns com que a maioria das organizações hoje se depara quando tenta estabelecer o alinhamento estratégico das atividades de TI são abordados a seguir.

A assertividade do planejamento estratégico organizacional

Em algumas organizações, o planejamento estratégico é conduzido em um nível de abstração muito alto, de modo que não ficam definidas que ações devem ser tomadas para cumprir o planejamento. Quando a organização usa um método que a direciona mais a ações, como o *balanced scorecard* (BSC), é mais provável que elas sejam bem-definidas (Kaplan e Norton, 2001). Mas muitas organizações, mesmo quando usam o BSC, não desenvolvem mapas estratégicos cobrindo todas as atividades necessárias, o que resulta em um planejamento muito idealizado e pouco prático. O ponto é que sem uma definição clara do que a TI deve fazer, por que deve fazer e como essa participação deve ser quantificada, o planejamento não proporciona as informações necessárias para um bom alinhamento estratégico da tecnologia da informação. A solução é que, embora trabalhoso, o processo de planejamento estratégico para a TI precisa descer a um nível de detalhe maior, não podendo ser interrompido em seu nível conceitual. O uso de mapas estratégicos, com indicadores de desempenho para cada ação, é um bom método para implementar essa solução.

O detalhamento do planejamento estratégico organizacional

Algumas organizações não discutem o desempenho de seus processos dentro do seu planejamento estratégico. No entanto, uma parte substancial dos custos da TI está relacionada com a manutenção de processos existentes. Ademais, é comum que os mesmos recursos alocados para processos novos estejam também alocados a essa manutenção. Assim, um planejamento estratégico que não leva em consideração os níveis de serviço desejados para os processos existentes, tipicamente só responde a menos da metade da problemática de atuação da área de tecnologia da informação. É normal que a organização considere os processos existentes como garantidos; afinal de contas, já foram desenvolvidos. Mas a realidade não é essa: eles requerem manutenção contínua e se deterioram com muita facilidade. Além disso, quanto mais integrado é o sistema e mais flexível o seu uso, maior a rapidez com que o mesmo se deteriora. A solução para isso passa pela discussão dos processos de negócio existentes e de qual a real importância da TI para a sua execução bem-sucedida (Joia, 1994) dentro do planejamento estratégico da organização (ver o capítulo 2 deste livro para mais informações).

A comunicação entre a organização e a TI

Embora a tecnologia da informação esteja presente no nosso dia a dia com intensidade cada vez maior, poucos executivos têm noção detalhada das atividades desempenhadas por tal área. Atualmente, a meia-vida das informações nessa área de conhecimento é bem menor do que cinco anos (Ang e Slaughter, 2000). Isso significa que, em menos de cinco anos, metade de tudo que se sabia sobre o uso da TI deixa de ter valor. Este é um enorme desafio para qualquer profissional, e os investimentos em treinamento precisam ser muito grandes para manter uma equipe atualizada. Se pensarmos nos executivos da organização que não têm na TI seu foco profissional, ficará muito claro que, por mais que eles estejam interessados, só conseguirão ter uma opinião profissional sobre o assunto em momentos de crise e de decisões sérias a serem tomadas. Assim, na maior parte dos casos, os argumentos técnicos da tecnologia da informação não podem ser avaliados pelo nível executivo da organização. Isso faz com que as necessidades de investimento sejam analisadas superficialmente e decididas sem convicção. Para um bom alinhamento estratégico da tecnologia da informação, é necessário o estabelecimento de uma estrutura de comunicação confortável entre a organização e a TI. Há uma proposta concreta de sempre representar toda a relação entre a TI e a organização como um conjunto de processos existentes e por existir, com seus níveis de serviço definidos. É uma proposta viável, mas requer um nível de maturidade alto — tanto da TI quanto da organização — para funcionar.

O controle da TI pela organização

Este desafio tem uma relação forte com o anterior, pois é difícil controlar adequadamente o que não se entende (Davenport, 1993). Hoje em dia, algumas áreas da TI estabeleceram controles sobre seus serviços mais repetitivos, geralmente relacionados à manutenção da infraestrutura tecnológica. Mas as atividades não repetitivas (desenvolvimento e manutenção) são muito difíceis de controlar adequadamente. A enorme quantidade de tecnologias utilizadas, os requisitos de integração, os métodos de trabalho, tudo colabora para criar um ambiente cuja gestão é complexa e trabalhosa (Davenport, 1993). A tendência mais forte é que haja dois níveis de controle:

- controle de resultados, para o qual a avaliação da TI pela qualidade dos serviços que presta é adequada;
- controle de processos, para o qual o mais efetivo é a contratação de empresas de auditoria especializadas, que não só compreendem o que está sendo feito, como podem também recomendar evoluções e melhorias no modo de trabalho da TI e nas suas relações com a organização.

Estrutura organizacional da TI

Tradicionalmente, a TI se estrutura em duas grandes áreas: desenvolvimento e operação (Braga, 2009), como se segue:

1. *desenvolvimento*: que trata de implantar novos serviços e recursos, bem como alterar os já existentes para mantê-los atualizados frente às mudanças ocorridas. É comum haver algumas funções distintas dentro desta área, como:
   a) desenvolvimento de sistemas de informação;
   b) mudança de sistemas de informação por exigência legal ou regulatória;
   c) adaptação de sistemas de informação por mudança de tecnologia;
   d) manutenção corretiva de sistemas de informação;
2. *operação*: que visa dar manutenção aos ativos de TI existentes (equipamentos, programas e redes de comunicação), de modo a permitir seu uso adequado na empresa. É comum haver as seguintes funções dentro desta área:
   a) projetos de aquisição de novas tecnologias;
   b) manutenção dos ativos de TI instalados (exceto sistemas de informação);

c) produção dos serviços de apoio e complementação dos sistemas existentes, dentro de rotinas preestabelecidas.

É também comum que a área de desenvolvimento se subdivida em grupos especializados: equipes de projetos significativos específicos; equipes que atendem a um subconjunto específico da estrutura organizacional da empresa (uma diretoria ou uma gerência particularmente importante); equipes que atendem a um processo de negócio (gestão de materiais); e equipes que atendem às necessidades relacionadas a um sistema de grande porte (ERP). Com bastante frequência ocorre a coexistência de duas ou mais dessas subdivisões, de acordo com as exigências do momento, embora sempre se procure uma estrutura com uma filosofia de trabalho racional e abrangente (Braga, 2009).

Há outras áreas, com menor quantidade de profissionais, cuja existência depende da necessidade e da maturidade da TI e da empresa à qual ela serve. Algumas delas podem ser absorvidas por outras ou ter um nome diferente. Mas os objetivos a ser atingidos são os seguintes:

- *administração de dados:* analisar as informações existentes, descrevendo-as e definindo as inter-relações existentes;
- *administração de banco de dados*: manter as informações num ambiente de banco de dados de forma segura e de fácil acesso;
- *gerência de rede*: manter a rede de comunicação e os ativos de TI dela dependentes;
- *suporte de sistemas*: manter os equipamentos e programas de uso geral (sistemas operacionais, bancos de dados, gerenciadores de rede), atualizando-os para novas versões sempre que possível e necessário;
- *engenharia de* software: definir e apoiar o uso de melhores práticas de desenvolvimento e manutenção de sistemas;

- *testes*: verificar a correção de atividades de desenvolvimento e manutenção de sistemas;
- *qualidade*: definir e verificar o nível de qualidade necessário para os serviços de TI, garantindo o nível de *compliance* regulatório;
- *análise de negócios*: interagir com as demais áreas da empresa, para garantir um bom relacionamento e o alinhamento estratégico da TI;
- *administração de TI*: apoiar o CIO nas atividades de gestão dos ativos de TI.

Como pode ser percebido, é muito grande a variedade de estruturas organizacionais da TI que podem ser criadas. Mas as funções descritas, muitas vezes apresentadas com nomes diferentes, são encontradas em praticamente todas as organizações, embora sejam representadas numa gama que cobre desde áreas formalmente definidas até uma atribuição informal alocada a um único profissional.

O papel do CIO e as posturas da TI na organização

O principal executivo de TI é o responsável pela boa gestão da área, e suas responsabilidades se confundem com as da área como um todo. Sendo a TI habilitadora para a maioria dos processos existentes, espera-se do CIO que ele entenda profundamente dos negócios da organização e de como a tecnologia pode ser utilizada para beneficiá-la.

Analisando o que o CIO precisa realizar para alcançar seus objetivos profissionais no contexto brasileiro, foram detectadas sete competências críticas (Joia e Vreuls, 2010):

- *conhecimento do negócio*: conhecimento dos processos de negócio, do ambiente onde a organização atua e capacidade de comunicação usando a terminologia adequada;

- *compreensão do contexto organizacional*: auxiliar as demais áreas no alcance de seus objetivos, ter um bom *networking* interno e conseguir entender a organização como um todo;
- *habilidade de influenciar a organização*: capacidade de exercer liderança dentro da sua área de atuação e boa visão dos aspectos financeiros envolvidos;
- *conhecimento técnico*: capacitação e treinamento em TI;
- *relacionamento externo*: manter relacionamentos com profissionais e entidades externas à organização (*networking* externo) e manter bom relacionamento com parceiros e fornecedores;
- *gestão da operação de TI*: manter a capacidade da TI dentro das necessidades atuais da organização e ter capacidade de planejar as mudanças necessárias para satisfazer as necessidades futuras definidas; e
- *capacidade de inovação via TI*: capacidade de avaliar o impacto organizacional do uso de novas tecnologias e procurar novas soluções para viabilizar ou otimizar as oportunidades de negócio.

Essas competências são referendadas por estudo recente do Gartner Group (Coco, 2010), que aponta como desafios para os CIOs a capacitação contínua em gerenciamento de riscos, o relacionamento intenso e profícuo com os demais profissionais (de TI ou não, da organização ou não) e a obtenção de resultados em um ambiente cada vez mais rapidamente mutável. Outro aspecto extremamente enfatizado é a necessidade de formar equipes de alta qualificação, algo muito complexo devido ao aumento da utilização da TI no mundo todo e a um consequente déficit agudo de mão de obra qualificada.

Quando passamos da atuação do CIO para a atuação da TI como um todo, há um modelo interessante apresentado pelo

Gartner Group (Scott e Pultz, 2009). Nele, foi postulado que a área de TI, à medida que amadurece seu relacionamento e utilidade para a organização, pode assumir quatro posições com relação às necessidades da organização:

- *posição reativa*, em que a TI espera que se defina para ela o que deve ser realizado;
- *posição proativa*, em que a TI verifica quais as soluções importantes para a organização e recomenda ativamente a sua adoção;
- *posição de serviços*, em que a TI verifica quais os serviços atuais e futuros necessários para os processos da organização, organizando-se internamente para provê-los com o nível de qualidade necessário;
- *posição de parceria com o negócio*, em que a TI verifica quais os resultados de negócio para os quais ela mais pode contribuir dentro da disponibilidade financeira existente e atua para obter o maior retorno de resultado para o uso dos seus recursos.

As quatro posições não são mutuamente exclusivas, embora sejam etapas dentro de um processo de evolução. É comum que as posições reativa e proativa coexistam na grande maioria das organizações. Já a posição de serviços é característica de organizações que começaram a otimizar seus processos internos de TI, seguindo as recomendações do *framework* ITIL©. Assim, sem a posição de serviços, a posição de parceria é muito difícil de ser alcançada, porém nas posições de serviços e de parceria há nichos específicos para as posições reativa e proativa.

Uma discussão recente, suscitada por um *white pap*er denominado "Transformation or travails: the imperative of IT's shift from support function to strategic asset" (Bogorad et al., 2009) e que tem impacto direto na atuação do CIO, é até que ponto ele deve exercer um papel mais ativo no desempenho corporativo. Nesse *paper*, os autores levantaram uma questão interessante: à medida que a TI de uma organização se estrutura e gradualmente incorpora melhores práticas aos seus processos por meio dos *frameworks* de governança, ela também incorpora uma postura conservadora, que evita riscos e incertezas. Com tal postura, ela é sistematicamente isolada da área de inovação das organizações, onde a ousadia e o risco fazem parte das regras do jogo. Isso significa que, mesmo que a TI possa desempenhar um papel importante como parceira de um projeto de inovação, é comum ela aceitar esse isolamento quando a inovação tem origem tecnológica próxima à da arquitetura atual da organização. No entanto, a TI tende a assumir posição ética e cuidadosa caso ocorra o contrário. Além do mais, se a inovação tem pouca dependência tecnológica, a TI normalmente prefere ficar numa posição reativa, esperando que se defina para ela o que se deseja. Esse tipo especial de relacionamento é comum com as áreas de criação da organização, tais como pesquisa e desenvolvimento, marketing e produto.

Para resolver esse problema, em algumas organizações está se adotando uma solução diferente para o alinhamento estratégico com os times de inovação: pede-se à TI a designação de um ou mais profissionais, que integram os times de inovação e vão desenvolvendo as soluções necessárias à medida que elas são requeridas, com um alto volume de mudanças e consequente eliminação de soluções construídas que já não atendem.

Para compor os times de inovação, os profissionais designados pela TI precisam ter um nível alto de senioridade, sob pena de criarem soluções inadequadas. Mas mesmo que as soluções construídas sejam corretas, elas estarão sempre bastante dependentes de quem as construiu, o que se constitui, posteriormente, em um problema de gestão de conhecimento para a organização.

Há um forte risco de se produzirem soluções não documentadas e, em certo nível, desorganizadas. Além disso, a tentativa de estruturação do conhecimento pode inibir a rapidez e a dinâmica de sua criação — condições necessárias para o sucesso. Por isso, é preciso vigilância constante para que, quando algum aspecto da inovação se estabeleça como rotina, haja um esforço para que ele seja estruturado adequadamente e incorporado aos processos de tecnologia da informação padronizados da organização. É comum, para isso, serem utilizados profissionais diferentes, pois os que pertencem ao time de inovação já estarão cuidando da próxima ideia.

Finalmente, a compreensão do CIO com relação ao conflito entre as necessidades da organização e a segurança da TI é fundamental para que ela possa exercer a função de parceria com o negócio nos termos do próprio negócio.

Governança de TI

A gestão da TI requer o uso de práticas sedimentadas pela experiência de centenas de organizações. Esses modelos de boas práticas têm a denominação genérica de *frameworks*. Embora o termo se aplique mais adequadamente a normas totalmente definidas, é comum, no mercado, ele ser usado como referência a um conjunto de recomendações de boas práticas. É nesse sentido que tal termo é usado neste livro. Seu uso visa garantir três aspectos fundamentais para uma boa TI (ITGI, 2006):

- *transparência*: quando a organização sabe quais as atividades que estão sendo desempenhadas pela TI e com que objetivo;
- *avaliação de risco*: quando cada processo ou projeto que envolve a participação da TI é avaliado do ponto de vista dos riscos envolvidos, sendo elaboradas estratégias para evitar ou minimizar seu impacto;

- *controles*: quando a organização implementa controles dentro e fora da área de TI, para que o conhecimento seja quantificado e as decisões sejam baseadas em fatos e dados, evitando-se as decisões baseadas em opiniões não comprovadas.

São esses os focos das auditorias de TI. Elas recorrem aos *frameworks* existentes e procuram verificar quanto uma área de TI específica de uma organização está aderente às melhores práticas do mercado. Suas recomendações de mudanças e melhorias estão, com frequência, embasadas no atendimento das diretrizes definidas por esses *frameworks*.

Frameworks *de governança de TI*

Os principais *frameworks* de mercado, relacionados à governança de TI, são descritos a seguir.

- *Cobit© (Control Objectives for Information and Related Technology)* (ITGI, 2007): Tem por objetivo definir processos e indicadores que caracterizam uma boa gestão da TI, sendo muito utilizado por consultorias na auditoria de áreas de tecnologia da informação. Paralelamente a este *framework*, foi divulgado um conjunto adicional de boas práticas denominado Enterprise Governance: Governance of IT Investments — The Val IT Framework (ITGI, 2006), em que são descritos os processos necessários para o controle adequado da geração de valor da TI para a organização. Na nova versão do Cobit, prevista para 2011, todos esses conceitos estarão integrados, além de outros conjuntos de boas práticas mais específicos, como o Risk of Information Technology (RiskIT©) (ITGI, 2009).
- *ITIL© (Information Technology Infra-Structure Library)* (OGC, 2007): Tem por objetivo sugerir processos específicos para a

gestão do ambiente de serviços de tecnologia da informação. Embora seu título indique uma concentração maior nos aspectos de infraestrutura, a partir da sua versão 3.0, de 2007, ele trata de aspectos gerais da área de TI.

- *PMBOK© (Project Management Body of Knowledge)* (PMI, 2008): Analisa o conjunto de conhecimentos e técnicas para um bom gerenciamento de projetos. A versão mais recente é a de 2008 (versão 4) e enfatiza aspectos não tratados anteriormente, como a comunicação, na iniciação do projeto, e a monitoração e controle da alocação dos recursos humanos. É o *framework* mais antigo e, consequentemente, o mais maduro.
- *BABOK© (Business Analysis Body of Knowledge)* (IIBA, 2009): Analisa o conjunto de conhecimentos e técnicas para um bom relacionamento entre a TI e o negócio (análise de negócios). É o *framework* mais recente — sua versão 3 está ainda em elaboração. Na versão atual, ele contempla projetos de TI dentro de metodologias mais conservadoras. Na nova versão, ele prevê estudar aspectos importantes, como o tratamento das demandas de manutenção e a interação com as metodologias ágeis. Por ser muito abrangente, é uma promessa muito atraente e, ao mesmo tempo, um desafio bastante grande, envolvendo muitos dos melhores acadêmicos de TI na sua elaboração.

Uma característica comum a todos os *frameworks* é uma busca contínua por maior abrangência e uma preocupação em relacionar onde cada um se integra (ou não) aos demais *frameworks* de mercado. Assim, o trabalho para se obter o conjunto de melhores práticas de TI, embora requeira consulta a um volume variado de fontes, tende a ser gradualmente mais estruturado e facilitado, na medida em que os próprios *frameworks* vão evoluindo e conseguindo se referenciar mutuamente naquilo que eles têm de foco e de excelência.

Segurança de TI

Os três aspectos fundamentais de uma governança são, conforme mencionado, a agregação de valor, a avaliação dos riscos e a implantação de controles. Dos três aspectos, o risco apresenta uma importância crescente, pois estamos evoluindo para um ambiente em que a conectividade é comum, e com ela vem o aumento da possibilidade de acessos não autorizados a dados corporativos ou pessoais por parte de terceiros. Os vírus fazem parte do cotidiano do uso da TI, mas os riscos de invasão, captura e adulteração de dados ampliam esse cotidiano para novas modalidades de crimes.

Outro fator que aumenta o risco da TI é um fenômeno recente, denominado consumerização. Esse fenômeno se caracteriza pelo uso de equipamentos e programas adquiridos e instalados pelos empregados em computadores de sua propriedade e utilizados como instrumento de trabalho dentro das organizações em que atuam. Tradicionalmente, a segurança da rede interna de TI de uma organização é garantida pela definição de componentes padronizados e de barreiras a componentes externos. Com a vinda desses componentes como parte dos instrumentos de trabalho de um profissional e não mais parte da propriedade da organização, a administração dessas redes tem de passar a se preocupar com uma diversidade igual à do mercado, tendo de ser mais flexível e eficaz.

Em estudo da International Data Corporation (IDC) em 2011 (Unisys, 2011), observou-se que, em um universo de 2.820 profissionais, 85% adquiriram componentes e os usaram para seu trabalho. Assim, segurança e governança têm de se adequar a uma nova realidade muito mais complexa, desenvolvendo instrumentos que permitam que os empregados resolvam seus problemas de trabalho usando a tecnologia da informação que considerem mais eficaz e, ao mesmo tempo, implementando políticas de segurança e métrica amplas que não prejudiquem a produtividade dos usuários. Essas políticas devem abarcar identificação correta, controle de acesso a dados, observância das regras de negócio e controle de continuidade. Dessa forma, a novidade tecnológica passará a penetrar nas organizações a partir do mercado consumidor — por isso o termo consumerização.

Uma das maiores empresas de pesquisa de TI do mundo — o Gartner Group — prevê que, por volta de 2014, 90% das organizações terão de prover a seus empregados acesso a seus sistemas pelo uso de equipamentos de propriedade deles. Assim, as empresas não poderão mais padronizar os equipamentos utilizados, tendo de se adaptar às tecnologias existentes (Plummer, 2011).

Um *framework* conhecido que trata dos riscos de negócio relacionados à TI é o RiskIT (ITGI, 2009). Esse *framework* preconiza que o maior problema de segurança de uma organização é a continuidade dos seus processos operacionais. Sem desmerecer as perdas de dados confidenciais e as dificuldades delas decorrentes, a falta de continuidade pode acarretar prejuízos financeiros imediatos a uma organização, como atestam Westerman e Hunter (2007). Isso nos leva à compreensão de por que o risco é considerado um aspecto da governança corporativa de TI — ele envolve a operação da organização, responsável pela geração dos resultados que garantem a sua existência continuada. Essa ênfase, para ser adequadamente tratada sem ceder a pressões internas que possam desconstruir o nível de segurança necessário, exige que se crie, na organização, uma cultura de conscientização de risco que compreenda a relação íntima entre o risco de negócio e o risco de TI, e como os processos de segurança de TI são necessários para evitar situações negativas — que podem ir de um simples desconforto até um grande desastre.

O modelo IT BSC da Forrester Research

Em 2004, a Forrester Research publicou uma série de artigos de autoria de Craig Symons (Symons, 2004a, 2004b, 2004c, 2004d) sobre a aplicação da teoria do *balanced scorecard* (BSC©) para o ambiente de TI. Essa abordagem relê as dimensões de negócio do BSC© sugerindo que, dentro da TI, elas tenham as seguintes naturezas:

- *valor de TI*: dimensão externa que abrange as estratégias da TI para o alinhamento estratégico e a garantia de valor agregado à organização. Esta é a dimensão que se relaciona com o planejamento estratégico formal da organização;
- *usuários*: dimensão externa que abrange as estratégias de relacionamento da TI com seus usuários internos e externos, inclusive com o tratamento da demanda que não tem origem no planejamento estratégico formal;
- *excelência operacional*: dimensão interna que abrange as estratégias de execução das atividades necessárias, com a maior qualidade possível;
- *orientação para o futuro*: dimensão interna que abrange as estratégias de pesquisa e implantação de novas tecnologias e metodologias.

Quando usado em uma organização que também utiliza o BSC© como instrumento para seu planejamento estratégico, o modelo da Forrester Research apresenta uma vantagem grande de integridade e comunicação entre a TI e o negócio, pois os mapas estratégicos desenhados para a organização têm desdobramento em mapas estratégicos internos da TI, com uma relação de causalidade estabelecida e demonstrável. Uma preocupação especial é com o projeto da fronteira de serviços, pois os mapas estratégicos corporativos precisam ser traduzidos em serviços grupados em entregas, tendo cada entrega o seu mapa estratégico interno da TI. Esses elementos podem ser observados na figura 23.

Figura 23
Alinhamento estratégico usando o IT BSC

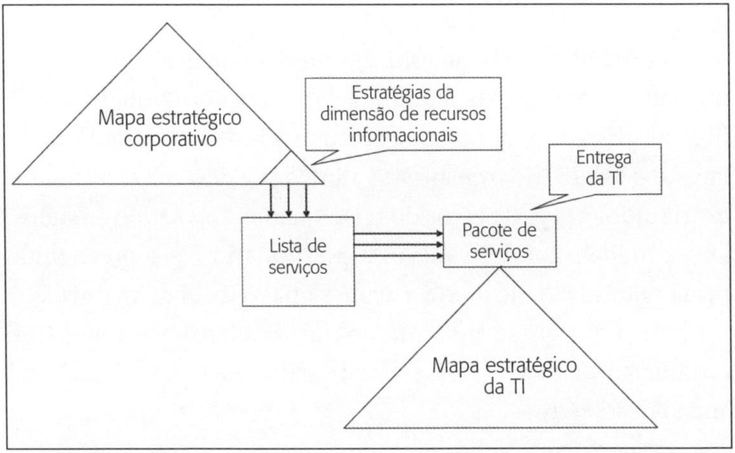

É importante notar que dentro dos mapas estratégicos das várias entregas da TI previstas para um período pode haver estratégias idênticas ou similares. Quando do planejamento estratégico da TI, essas estratégias devem ser analisadas simultaneamente, para produzir uma ação combinada que mantenha a integridade dos processos da TI e, ao mesmo tempo, garantir economia de escala quando se referirem à aquisição de recursos. Por exemplo, a estratégia "disponibilizar acesso internet ao centro de distribuição", dentro de uma entrega de um novo sistema de controle de armazenamento, deve ser analisada em conjunto com a estratégia "disponibilizar acesso internet ao jurídico", dentro de uma entrega de um novo sistema de controle de acompanhamento de casos judiciais. Embora de projetos diferentes, essas estratégias se referem a um mesmo recurso (acesso internet), que pode ser otimizado se ambas as necessidades forem analisadas em conjunto, levando-se em consideração, inclusive, a solução tecnológica eventualmente já existente, de modo a se obter a melhor solução tecnológica geral para a organização, em relação ao recurso em questão.

O modelo de Luftman

Luftman (2000) sugeriu um modelo de avaliação da maturidade da relação da TI com a organização na qual ela está inserida. Esse modelo propõe cinco níveis de maturidade, similares aos usados no *framework* Cobit©, que devem ser avaliados e atribuídos a seis aspectos do relacionamento a ser observados. Desse modelo foi derivado um questionário a ser preenchido pela organização, de modo a avaliar qual o nível de maturidade médio em que ela se encontra no que se refere ao alinhamento estratégico da sua TI. Esse questionário está reproduzido no anexo deste livro.

Níveis de maturidade de alinhamento estratégico de TI

A seguir, listamos os cinco estágios de maturidade do alinhamento estratégico de TI, em ordem crescente de maturidade (Luftman, 2000):

- *processo* ad hoc: neste estágio, não há percepção da necessidade de alinhamento entre TI e negócios, sendo tal alinhamento procurado apenas em alguns projetos ou em necessidades bem específicas;
- *processo comprometido*: estágio em que há uma compreensão de que o alinhamento entre TI e negócios é necessário, mas

os esforços associados nesse sentido são focados apenas nas áreas mais críticas da organização;

- *processo focado estabelecido*: neste estágio, o alinhamento entre TI e negócios é considerado necessário e há processos e atitudes que garantem sua busca contínua;
- *processo gerenciado/melhorado*: neste estágio, o alinhamento entre TI e negócios é entendido não mais como um objetivo a ser mantido, mas como um processo de gestão da inovação e da aquisição de ativos de TI, responsável pela maximização do valor da tecnologia da informação para a organização.
- *processo otimizado*: estágio em que não há mais preocupação com o alinhamento entre TI e negócios porque a tecnologia da informação está totalmente integrada às funções de negócio, participando ativamente da elaboração e execução das estratégias organizacionais.

Fatores habilitadores do alinhamento estratégico de TI

Os seis fatores a serem considerados quando da busca do alinhamento estratégico de TI (Luftman, 2000) serão listados a seguir.

- *Comunicação*: envolve os processos que permitem a compreensão das características do negócio pela TI e das características da TI pelo negócio. O alinhamento sempre pressupõe uma base para entendimento mútuo das diferenças, que é a base para uma relação de confiança e respeito. Uma tendência forte nos *frameworks* é considerar que a relação entre a TI e a organização seja representada por serviços existentes (operação) e serviços por existir (inovação). Além disso, há também uma tendência em apontar a necessidade de profissionais específicos que tratem desta relação — os analistas de negócio.

- *Métricas de competência e valor*: envolvem os processos que traduzem a atuação da TI com relação ao negócio, em termos objetivos e com um nível de clareza que permita o estabelecimento de metas e, eventualmente, de recompensas ou punições. Relaciona-se diretamente ao conflito conceitual entre resultados de TI e resultados de negócio, o que precisa ser bem-resolvido. Essa solução passa pela definição assertiva do motivo pelo qual a TI deve prover um serviço com um determinado nível de qualidade, relacionando-o com resultados objetivos do negócio.
- *Governança*: envolve os processos que controlam a alocação dos recursos de TI, de modo que a prioridade e os resultados possam ser avaliados continuamente e sirvam como base para investimentos ou realocação de recursos. O *framework* Val IT é aplicável a esse aspecto.
- *Parceria*: envolve os processos de relacionamento entre a TI e o restante da organização, garantindo que ela não só participe da manutenção dos serviços existentes, mas também seja patrocinadora ativa da inovação e da garantia de disponibilização dos novos serviços que possam tornar a organização melhor e mais competitiva. Esse aspecto, em seu nível mais alto, corrobora a posição de parceria sugerida pelo Gartner Group, que o define como o maior responsável pelo eficiente uso da TI por uma organização.
- *Escopo e arquitetura*: envolvem os processos de aquisição de conhecimento tecnológico por parte da TI e como ela consegue ampliar esse conhecimento para a organização, de modo que esta possa se beneficiar dos instrumentos tecnológicos disponíveis para seu uso. Está relacionado à dimensão de orientação para o futuro do modelo IT BSC.
- *Habilidades*: envolvem os processos de aquisição e manutenção de níveis de habilidade pessoal e interpessoal necessários para implementar as mudanças que podem tornar a organi-

zação mais permanente e competitiva, tanto dentro da TI quanto na organização como um todo.

Luftman (2000) sugere que o processo de avaliação da maturidade do alinhamento entre tecnologia da informação e negócios seja conduzido por grupos constituídos de profissionais de TI e de fora dela, de modo que tal processo propicie discussões sobre os diversos aspectos envolvidos, constituindo-se num reforço para o próprio processo de maturidade. Ele também recomenda a aplicação de um questionário de avaliação inicial das características a serem analisadas dentro de cada aspecto mencionado. Para maior efetividade, o processo de avaliação deve ser uma atividade de criação, de modo que o questionário anexo não deve ser considerado um questionário ou uma pesquisa independente que deva, obrigatoriamente, ser aplicado na forma apresentada. Em vez disso, a expectativa é que ele seja ajustado pelos participantes do processo de avaliação, levando-se em consideração a cultura e as peculiaridades da organização que será avaliada.

Oito passos para o alinhamento estratégico de TI

O alinhamento estratégico de TI é desejado pela organização porque ela quer ter certeza de que a tecnologia da informação está dando retorno ao investimento realizado, em termos de valor para a organização. Mas valor não é só um aspecto objetivo; ele tem uma dimensão subjetiva forte. Isto é, o valor deve não só existir, mas também ser percebido. Nessa percepção entram, portanto, fatores inerentes ao relacionamento humano. As ações para um bom alinhamento estratégico devem atuar em um organismo sociotécnico complexo, que é a própria organização, com a sua cultura, seus métodos, seus instrumentos de trabalho, sua história e as pessoas que dela participam. O método sugerido na figura 24 não leva esses aspectos em consideração, embora mantenha espaço para que cada organização defina o que tem importância para ela.

Figura 24

OITO PASSOS PARA O ALINHAMENTO ESTRATÉGICO DE TI

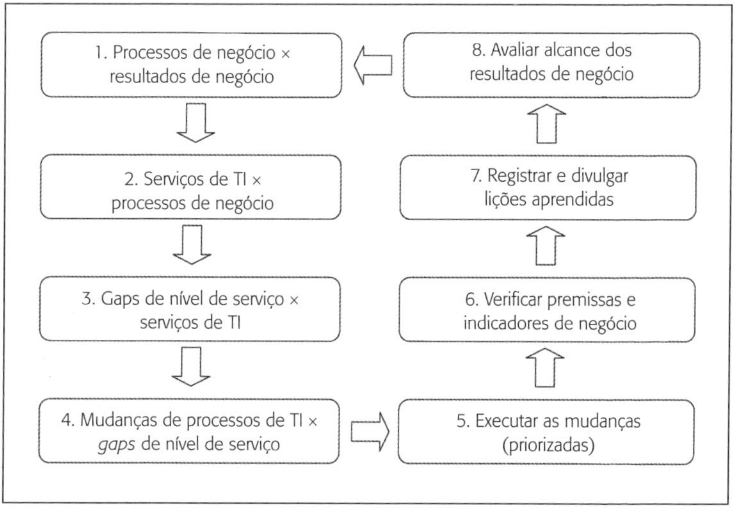

Fonte: Adaptado de Luftman (2000).

A seguir, são comentados os oito passos do método sugerido.

- *Processos de negócio x resultados de negócio*: entender o que tem importância para os resultados da organização.

Sem saber qual a importância de cada atividade para alcançar os resultados desejados, é difícil atribuir prioridades e alocar os recursos respectivos de forma otimizada. Assim, os processos existentes e os processos futuros planejados devem ser levantados, verificando-se qual a contribuição desses processos para os resultados da empresa. Se o levantamento puder ser feito com dados quantitativos, a qualidade será maior.

Deve-se, também, estabelecer a relação entre os indicadores de resultado da organização e os processos atuais e futuros que os viabilizam.

- *Serviços de TI x processos de negócio*: entender qual a importância da TI para os resultados da empresa.

Precisamos verificar onde os recursos de tecnologia da informação devem ser alocados, para isso temos de saber quais os serviços de TI que suportam os processos existentes e quais os que serão criados para suportar os processos futuros. Assim, podemos estabelecer uma relação de dependência entre os resultados que esses processos trazem para a organização e as atividades viabilizadas pelos serviços de TI.

- Gaps *de nível de serviço x serviços de TI*: levantar as diferenças de qualidade entre o que a TI fornece e o que ela deveria prover.

Esse levantamento deve ser realizado em duas etapas:

a) verificar se a TI está atendendo bem aos processos prioritários atuais para a organização, o que significa levantar qual o nível de serviço que a TI oferece para os processos atuais e qual o nível necessário. Assim, levantam-se os *gaps* candidatos a melhoria, os quais são priorizados de acordo com a contribuição dos mesmos para os resultados previstos. É importante não fazer inferências, pois, se o nível do serviço não for bem-especificado, o levantamento não será adequado para gerar a orientação de que a TI precisa;
b) verificar como a TI deve atender aos serviços futuros, ou seja, especificar qual o nível de serviço que a TI precisa oferecer para os processos futuros e considerá-lo requisito para os projetos que a TI deve desenvolver. Os projetos também devem ser priorizados de acordo com a contribuição esperada dos processos futuros para os resultados

da empresa. Deve-se sempre detalhar adequadamente o nível do serviço, sem inferências, pois elas não vão gerar a orientação de que a TI precisa.

- *Mudanças de processos de TI x* gaps *de nível de serviço*: definir quais as mudanças necessárias dentro da TI levando em conta as diferenças de qualidade.

A partir dos *gaps* detectados entre o nível de serviço atual e os associados a novos serviços, a TI deve estabelecer projetos internos, claramente relacionados com as solicitações de negócio. Assim, a TI deve entregar à organização um estudo em que propõe soluções para o que dela é esperado, assim como o devido orçamento.

- *Execução das mudanças (priorizadas)*: a partir das prioridades da organização, executar as mudanças desejadas e possíveis.

De posse dos orçamentos dos serviços, das informações acerca da importância dos processos que eles vão viabilizar e da contribuição desses processos para os resultados da organização, o gestor pode agora priorizar a evolução da TI, por meio da primazia da execução das mudanças. Isto é, pode planejar e executar a melhoria necessária nos processos de TI, levando em consideração as prioridades do negócio com relação aos processos atuais e aos projetos novos, bem como as restrições de orçamento e capacidade organizacional. É importante notar que haverá mudanças exigindo atuação de outras áreas da empresa que não só a TI, e, se tal não ocorrer, as mudanças relacionadas não serão bem-sucedidas. Em alguns casos, as mudanças podem exigir alguma alteração na cultura organizacional e na maneira peculiar como a organização se relaciona com a TI.

- *Verificar premissas e indicadores de negócio*: estabelecer processos de verificação contínua dos indicadores de negócio e das suas premissas subjacentes.

Os indicadores de negócio e as premissas relacionadas foram os balizadores para a definição da prioridade dos processos atuais e do investimento nos projetos novos. Precisamos assinalar qualquer mudança de cenário que possa colocar em dúvida tais premissas e, eventualmente, invalidar a prioridade atribuída. Não se pode ter medo de questionar e até interromper projetos que se tornem inviáveis ou que não garantam mais o retorno desejado.

- *Registrar e divulgar lições aprendidas*: utilizar o conhecimento obtido como base da melhoria contínua.

Uma das ações mais difíceis, porém mais efetivas, para melhorar o desempenho de qualquer organização é examinar o passado para aprender com ele. A análise e a divulgação das lições aprendidas para toda a organização aumentam a maturidade geral e criam pontes de entendimento que forjam o relacionamento futuro. Tal análise deve ser conduzida de maneira profissional, com o objetivo focado no aprendizado e na melhoria contínua, para impedir um viés de avaliação de erros e de comportamentos que só impede que os fatos reais sejam conhecidos e analisados no contexto adequado.

- *Avaliar o alcance dos resultados de negócio*: são os resultados efetivos que justificam todo o processo e, em última análise, os custos da TI.

Ao fim de cada melhoria ou no término de cada projeto, devemos avaliar se a mudança esperada nos indicadores de resultado da organização foi alcançada. Isso significa avaliar o próprio processo de planejamento e a priorização da alocação de recursos organizacionais para alcance das metas de negócio, possibilitando a recomendação de correções eventuais e até levando a novos desdobramentos da atuação da TI. Os resultados devem ser, sempre que possível, expressos quantitativamente, de modo a não gerar vieses cognitivos e interpretações equivocadas. Devemos, também, evitar ao máximo avaliações qualitativas derivadas de opiniões pessoais, por mais qualificadas que sejam dentro da hierarquia da organização. A avaliação tem de ser objetiva, para tornar a confiança no processo cada vez maior.

Seguir o roteiro sugerido para todos os processos de negócio e, principalmente, para as respectivas manutenções é inexequível, pelo volume demandado e pela falta de adequado retorno financeiro. Entretanto, o roteiro deve ser seguido para aqueles processos e projetos que forem mais críticos e complexos, pois estes são normalmente os de maior risco, e para aqueles em que o alinhamento estratégico mais será cobrado da TI. É também interessante notar que, embora o roteiro seja composto de oito passos sequenciais, pode-se navegar livremente ao longo deles, embora sempre no mesmo sentido. O roteiro deve ser entendido como um grande conjunto de iterações, que a cada novo percurso aumenta a qualidade do que está sendo feito. Assim, se no momento em que estamos analisando um processo interno da TI (passo 4) percebemos que um dos resultados de negócio definidos previamente (passo 1) pode apresentar algum problema para ser alcançado, devemos analisar os passos 5 a 8, focando nesse aspecto, de modo a ver como essa nova percepção altera as prioridades (passo 5), como afeta as premissas e os demais indicadores de negócio (passo 6), quais as razões para o problema ter ocorrido (passo 7) e, finalmente, qual o efeito nos resultados (passo 8). Assim, podemos reiniciar o processo pelo passo 1, com uma compreensão muito mais ampla desse aspecto específico, e realizar eventuais correções derivadas desse entendimento.

Um dos objetivos do alinhamento estratégico da TI é ajudar a criar, em toda a organização, uma cultura estratégica que não só inclua a tecnologia da informação, mas que também identifique todas as outras ações, fora da TI, que precisam ser realizadas para que os resultados sejam alcançados. Nesse sentido, a avaliação da relação entre os processos e os resultados alcançados é essencial, pois na maioria dos casos a tecnologia da informação é necessária, mas não suficiente, para que haja sucesso. É preciso identificar os demais aspectos que também são necessários, como a estrutura de processos da empresa, com seus recursos alocados e capacitados — que não são de responsabilidade da TI, mas sem os quais os resultados não são viabilizados. Também é necessário identificar quais as influências externas (sobre as quais a organização não tem ação) que podem ter diminuído ou invalidado as expectativas existentes. Assim, podemos melhorar o processo de inteligência competitiva da organização estabelecendo assertivas com percepção de risco mais correta e conduzindo um acompanhamento mais severo do ambiente externo.

Utilização de recursos externos (*sourcing*)

Uma decorrência da complexidade da TI atual é que poucas organizações podem ter os recursos necessários para prover toda a *expertise* necessária. Além disso, alguns desses conhecimentos especializados são, ao mesmo tempo, demorados para adquirir e para manter atualizados, sendo necessários por uma fração pequena do tempo e, portanto, não justificando um empregado alocado apenas para isso. Assim, cada vez mais as organizações utilizam esses especialistas contratando fornecedores de TI que, por conta do volume de clientes, conseguem manter tais especialistas como empregados. Ou, em uma parcela grande de vezes, mantém-se um cadastro de especialistas que atendem chamados e são pagos por serviço. A atividade de conseguir obter recursos humanos onde e quando eles são necessários tem o nome genérico de *sourcing*.

A compilação mais extensiva sobre as características da atividade de *sourcing* foi realizada pela Carnegie-Mellon University, que produziu e gerencia um modelo de *sourcing* para empresas contratantes denominado eSCM-CL (Hefley e Loesche, 2006). Este é o modelo de referência para as grandes empresas que contratam serviços de *sourcing* no mundo.

Uma modalidade de *sourcing* ocorre quando uma organização tem um projeto crítico para o qual não tem recursos humanos disponíveis. Nesse caso, ela contrata fornecedores de TI que proveem uma equipe inteira ou complementam a equipe existente. Algumas organizações, que têm políticas de contratação mais rígidas, utilizam amplamente tal recurso, havendo casos em que a equipe de TI termina tendo mais profissionais externos do que empregados.

Outra modalidade comum de *sourcing* na TI é a que envolve a disponibilização de serviços de infraestrutura, com ou sem mão de obra. Essa derivação é, de longe, a mais utilizada. Mas como os serviços de infraestrutura são estáveis e podem ser cobertos por cláusulas contratuais de níveis de serviço (*service level agreements* — SLAs), os problemas decorrentes são de mais fácil solução.

Já o *sourcing* de mão de obra é o que acarreta risco maior, devido a circunstâncias:

- quando profissionais externos e empregados estão na mesma equipe, pode haver um componente de competição entre eles. Se por um lado o empregado tem mais credibilidade diante da organização, por outro o profissional externo teve mais tempo para se capacitar e pode ter maior conhecimento técnico;
- se a organização não tem um bom padrão de gestão de conhecimento, os resultados do trabalho efetuado pelos profissionais externos não ficam registrados adequadamente,

fazendo com que a organização passe a depender da presença destes profissionais para que o conhecimento existente possa ser utilizado para alguma nova demanda;

- com o mercado aquecido pela falta de recursos qualificados, os bons profissionais externos tendem a ser muito requisitados, fazendo com que as empresas fornecedoras tentem substituí-los por profissionais menos experientes, para realocá-los a novos clientes. Isto gera uma prejudicial descontinuidade de serviço e desconforto no relacionamento;
- historicamente, a TI é quem gera as cláusulas dos contratos de *sourcing*, uma vez que os aspectos técnicos são muito relevantes. Como, no entanto, a TI não tem *expertise* em contratação, é comum a existência de promessas, acordos verbais e expectativas irreais. A elaboração de contratos benfeitos é pré-requisito essencial para o sucesso.

Baseados nesses aspectos, podemos dizer que uma boa utilização do *sourcing* deveria ter as seguintes características:

- deve haver uma clara distinção entre o *sourcing* relacionado a contratos de serviço e o de cessão de mão de obra;
- no caso de contrato de serviço, deve estar mencionado claramente qual o serviço esperado, qual a forma de identificar a(s) entrega(s) e qual a expectativa de profissionais. Há organizações que exigem, nesse tipo de contrato, a nomeação dos principais profissionais que vão realizar o serviço requerido. Para serviços de infraestrutura, devem estar bem-estabelecidos quais os níveis de qualidade esperados e quais os efeitos do seu não cumprimento;
- no caso de contrato de cessão de mão de obra, devem estar definidos a experiência necessária da equipe a ser alocada e o padrão de atendimento aos procedimentos documentais exigidos, tornando esses procedimentos pré-requisitos para o pagamento das parcelas contratuais. Deve haver, também,

uma cláusula de proteção contra a rotatividade de mão de obra, desde que com a salvaguarda das obrigações trabalhistas (férias, doenças etc.);

- todo serviço deve ser gerenciado. Há casos em que o custo de gestão é baixo (caso do *sourcing* de infraestrutura), mas o *sourcing* de mão de obra requer um alto nível de gerenciamento. Segundo pesquisa recente da KPMG (Zarrella e Udhas, 2007), as métricas e os processos de aquisição de *sourcing* ainda são muito frágeis, inadequados para a maioria das contratações. E o aspecto reportado como mais fundamental para o sucesso é o comportamental, diretamente relacionado à gestão dos recursos. Não é absolutamente estranho percebermos que, na falta de normas e processos bem-definidos, são a flexibilidade e a capacidade humanas que garantem o sucesso da TI.

O questionamento da qualidade e utilidade da TI é um fato natural e desejável, uma vez que permite uma análise mais isenta de uma área de conhecimento nova. Esse processo tardou a acontecer — com a intensidade vista no início do século XXI — porque, pela sua novidade, a inserção da TI nas organizações era normalmente baseada em expectativas e não em justificativas racionais.

É importante notar que o processo para estabelecimento de uma relação positiva de absorção da TI pela organização e de geração contínua de valor apresenta custo, necessidade de esforço e gestão de mudança. Na maior parte das organizações, o processo de aquisição de ativos de informação requer maturidade da própria organização. Uma TI madura não sobrevive numa organização que ainda não atingiu o mesmo nível de maturidade.

Um aspecto positivo é o fato de que a inserção progressiva do uso da TI gera um efeito de racionalização em qualquer organização. Isto é, o estabelecimento de processos estruturados e a busca de conhecimento pela pesquisa e análise de dados fazem com que os usuários adquiram uma cultura que incorpora conceitos racionais, como sequencialidade de fatos, causalidade, integração, qualidade de dados e decisão baseada em informação. Esses conceitos amadurecem a organização não só em relação à TI, mas também em relação aos seus próprios processos produtivos.

Assim, conclusivamente, podemos dizer que embora o alinhamento estratégico da TI seja um objetivo complexo que muitas organizações, ainda hoje, buscam alcançar em sua plenitude, é um caminho sem volta, ocorrendo progressivamente a partir dos primeiros usos da tecnologia da informação por ela própria. O movimento de informatização — e subsequente racionalização — é global. Utilizar a TI em seu potencial adequado significa, para qualquer organização, aumentar a probabilidade de permanência no mercado. Mostrar isso foi o principal objetivo deste capítulo.

Conclusões

Caro leitor, chegamos ao final deste livro e esperamos ter podido tornar clara a importância cada vez maior da tecnologia da informação (TI) para a gestão das empresas no mundo atual.

Apresentamos o que de mais recente há nesta matéria, porém sabemos que este livro tem prazo de validade bem curto. Explicamos: as inovações associadas à TI e as respectivas implicações na gestão e no desempenho das empresas ocorrem a uma velocidade supersônica. Nunca geramos tanta inovação tecnológica como nos últimos 50 anos, e tais inovações têm propiciado novos processos produtivos e modelos de negócios às empresas.

Podemos, e devemos, nos lembrar de que o computador surgiu pouco antes dos anos 1950, por meio do mítico Eniac. Assim, cerca de 60 anos se passaram desde que o homem conheceu o primeiro cérebro eletrônico. Olhando para trás, vemos que é um espaço de tempo muito curto, principalmente se tentarmos, num exercício mental, imaginar o mundo corporativo sem a presença dessa poderosa máquina — o computador. Alguns chegam a duvidar que fosse possível haver uma gestão de empresas sem essas máquinas, hoje extremamente poderosas e cada vez menores. No entanto, ainda que precária em comparação com a gestão praticada nos dias atuais, isso já existia. Alguns de nós perfuramos cartões em máquinas específicas para rodar programas de computador enquanto cursávamos nossas graduações ou pós-graduações. Trabalhamos em máquinas que ocupavam enormes salas refrigeradas e que, hoje, têm menos poder computacional que *notebooks* pesando pouco mais de um quilo.

Se mudarmos da evolução dos computadores para a das redes, o impacto será ainda maior. Em 1995 a internet, por intermédio da Embratel, foi disponibilizada comercialmente no Brasil. No entanto, para se ter uma conta de acesso era preciso ser sorteado, já que não havia contas disponíveis para todos os interessados. Antes disso, apenas aqueles com ligação acadêmica tinham acesso à internet — um acesso textual e em tela preta, até a chegada revolucionária dos *browsers* gráficos, como o Mosaic e o Netscape. A partir daí, uma revolução começou, sendo impossível, para alguns de nós, imaginar as vidas empresarial e privada sem internet.

Há, também, toda uma geração, que hoje chega ao mercado de trabalho, sem conseguir entender como se vivia no mundo sem celular ou *smartphones*, ou sem *facebooks*, *twitters*, e que tais.

Como o leitor pode imaginar, procuramos, dessa forma, abarcar neste livro os conceitos e práticas que têm um nível maior de perenidade, mesmo sabendo que em pouco tempo ele terá de ser radicalmente revisado por nós mesmos. Assim, procuramos focar menos nas tecnologias e nos sistemas e mais nos seus impactos na vida empresarial; procuramos enfatizar menos modismos importantes e mais os conceitos subjacentes a eles. É verdade, também, que estamos numa área em que, muitas vezes, vende-se vinho velho em odres novos e que é bastante explorada pelas consultorias, numa tentativa comercial de vender aquilo que, muitas vezes, é completamente dispensável.

Ao fim, o que importa é que a gestão empresarial mudou com o advento da tecnologia da informação e, mormente, com o surgimento da tecnologia internet em todas as suas facetas: seja o marketing — com o advento do comércio eletrônico e da propaganda on-line —, seja a logística — com os sistemas de *supply chain management* —, seja a gestão de pessoas — com o advento do teletrabalho —, apenas para citarmos alguns exemplos. Dessa forma, a gestão empresarial tem de ser repensada na sociedade do conhecimento em que estamos hoje todos inseridos. Além disso, novas áreas do conhecimento passaram a surgir, como gestão da inovação, gestão do conhecimento, capital intelectual, gestão de projetos distribuídos, entre outras, todas intrinsecamente relacionadas à TI. Assim, saber usar a tecnologia da informação como um diferencial estratégico, mais do que apenas um artefato operacional, tornou-se fundamental àqueles que se pretendem gestores de alto nível. Mostrar isso foi o grande objetivo deste livro. Esperamos tê-lo alcançado.

Referências

ANDERSON, C. *A cauda longa* (The long tail). São Paulo: Elsevier, 2006.

______. *Free*: the future of a radical price. New York: Hyperion Books, 2009.

ANG, S.; SLAUGHTER ,S. The missing context of information technology personnel: a review and futures directions for research. In: ZMUD, R. W. (Ed.). *Framing the domains of IT management*: projecting the future from the past. Cincinatti: Pinnaflex Educational Resources, 2000.

ANSOFF, H. I. *Corporate strategy*. Harmonds Worth: Penguin Book, 1965.

BARNEY, Jay B.; HESTERLY, William S. *Strategic management and competitive advantage*: concepts. Upper Saddle River, NJ: Pearson Education, 2005.

BASHEIN, Barbara J.; MARKUS, M. Lynne; RILEY, Patricia. Preconditions for BPR success. *Information Systems Management*, v. 11, n. 2, 1994.

BEATH, C. M. The project champion. In: EARL, M. J. (Ed.). *Information management*: the organizational dimension. Oxford: Oxford University Press, 1996.

BOGORAD, I. et al. *Transformation or travails*: the imperative of IT's shift from support function to strategic asset. [2009]. Disponível em <http://gardnerandassoc.com/IT White Paper Nov09.pdf>. Acesso em: 26 nov. 2010.

BRAGA, A. G. M. Uma proposta de estrutura organizacional para áreas de TI de empresas usuárias de TI. *Administradores.com.br — O portal da administração*, 2009. Disponível em <www.administradores.com.br/informe-se/producao-academica/uma-proposta-de-estrutura-organizacional-para-areas-de-ti-de-empresas-usuarias-de-ti/2016/>. Acesso em: 2 abr. 2011.

BRASIL. Ministério do Planejamento. Estatísticas gerais das compras governamentais: número de processos/itens e valor de compra, 2009. Disponível em: <www.comprasnet.gov.br/ajuda/01_a_12_-_DADOS_DW_-_Janeiro_a_Dezembro__2009.pdf>. Acesso em: 16 out. 2010.

BRICKLIN, D. VisiCalc. *Dan Bricklin's web site*. [s.d.]. Disponível em <www.danbricklin.com>. Acesso em: 14 out. 2010.

BRYNJOLFSSON, Erik. The productivity paradox of information technology review and assessment. MIT Sloan School of Management. *Working paper*, Sept. 1992.

CARR, Nicholas G. IT doesn't matter. *Harvard Business Review*, p. 5-12, May 2003.

CASH, James I.; KONSYNSKI, Benn R. IS redraws competitive boundaries. *Harvard Business Review*, p. 134-142, Mar./Apr. 1985.

COCO, I. A. As seis competências para o CIO dos novos tempos. *Banco Hoje*, n. 249, nov./dez. 2010.

DAVENPORT, Thomas H. *Process innovation*: reengineering work through IT. Boston: Harvard Business School Press, 1993.

______; SHORT, James E. The new industrial engineering: information technology and business process redesign. *Sloan Management Review*, p. 11-27, Summer 1990.

EARL, Michael J. *Information management*: the strategic dimension. Oxford: Oxford University Press, 1988.

______. *Management strategies for information technology*. Hemel Hempstead: Prentice Hall, 1989.

______. Experiences in strategic information systems planning. *MIS Quarterly*, v. 17, n. 1, p. 1-24, Mar. 1993.

______. The chief information officer: past, present and future. In: ______. *Information management*: the organizational dimension. Oxford: Oxford University Press, 1996a. cap. 23, p. 456-484.

______. Integrating IS and the organization: a framework of organizational fit. In: ______. *Information management*: the organizational dimension. Oxford: Oxford University Press, 1996b. cap. 24, p. 485-502.

______; EDWARDS, Brian; FEENY, David F. Configuring the IS function in complex organizations. In: ______. *Information management*: the organizational dimension. Oxford: Oxford University Press, 1996. cap.10, p. 201-230.

______; FEENY, David F. Is your CIO adding value? *Sloan Management Review*, v. 35, n. 3, p. 11-20, Spring 1994.

EDWARDS, B. The project sponsor. In: EARL, Michael J. (Ed.). *Information management*: the organizational dimension. Oxford: Oxford University Press, 1996.

FEENY, David F.; EARL, Michael J.; EDWARDS, B. Organizational arrangements for IS: roles of users and specialists. In: EARL, Michael J. (Ed.). *Information management*: the organizational dimension. Oxford: Oxford University Press, 1996. cap. 11, p. 231-246.

FEINBERG, R. et al. Operational determinants of caller satisfaction in the call center. *International Journal of Service Industry Management*, v. 11, n. 2, 2000.

______. Operational determinants of caller satisfaction in the banking/ financial services call center. *International Journal of Bank Marketing*, v. 20, n. 4, 2002.

GATES, W.; MYHRVOLD, N.; RINEARSON, P. *A estrada do futuro*. Rio de Janeiro: Companhia das Letras, 1995.

GEUS, A. de. *A empresa viva*: como as organizações podem aprender a prosperar e se perpetuar. Rio de Janeiro: Campus, 1998.

GREENBERG, P. *CRM at the speed of light*: social CRM 2.0 strategies, tools and techniques for engaging your customers. 4. ed. New York: McGraw-Hill Osborne Media, 2009.

GUHA S.; KETTINGER, W. J.; TENG, T. C. Business process reengineering: building a comprehensive methodology. *Information Systems Management*, v. 10, n. 3, 1993.

HAMEL, G.; PRAHALAD, C. K. Strategic intent. *Harvard Business Review*, May/June 1989.

HAMMER, Michael. Reengineering the work: don't automate, obliterate. *Harvard Business Review*, p. 104-112, July/Aug. 1990.

______; CHAMPY, James. *Reengineering the corporation*. New York: Harper Business, 1993.

HEFLEY, W. E.; LOESCHE, E. A. The eSCM-CL v1.1: model overview. *ITSqc*, 2006. Disponível em: <www.itsqc.org/downloads/>. Acesso em: 2 abr. 2011.

HENDERSON, J. C. Plugging into strategic partnerships: the critical IS connection. *Sloan Management Review*, v. 31, n. 3, p. 7-18, 1990.

______; VENKATRAMAN, N. Strategic alignment: a framework for strategic information technology management. Center for Information Systems Research (CISR). *Working paper*, n. 190. Massachusetts Institute of Technology, 1989.

______; ______. Strategic alignment: leveraging information technology for transforming organizations. *IBM Systems Journal*, v. 32, n. 1, p. 4-16, 1993.

HODGKINSON, Stephen L. The role of the corporate IT function in the Federal IT Organization. In: EARL, Michael J. (Ed.). *Information management*: the organizational dimension. Oxford: Oxford University Press, 1996. cap. 12, p. 247-269.

HSIAO, R.-L.; TEO, T. S. H. Delivering on the promise of e-procurement. *MIS Quarterly Executive*, v. 4, n. 3, p. 343-360, 2005.

IBM. *B2B eProcurement*. [s.d.]. Disponível em: <www.ibm.com/br/shop/ofertas/eprocurement_main.phtml>. Acesso em: 11 dez. 2010.

IBM Corporation. *Business Systems Planning*: information systems planning guide, GE20-0527. 3. ed. [s.l.]: IBM, 1981.

IIBA (International Institute of Business Analysis). Business analysis body of knowledge. *International Institute of Business Analysis (Iiba)*, 2009. Disponível em: <www.theiiba.org>. Acesso em: 20 set. 2010.

ITGI (IT Governance Institute). Enterprise value: governance of IT investments, the Val IT framework. *Isaca*, 2006. Disponível em: <www.isaca.org>, 2006. Acesso em: 5 nov. 2008.

______. Cobit 4.1. *Isaca*, 2007. Disponível em: <www.isaca.org>. Acesso em: 5 nov. 2008.

______. Risk IT. *Isaca*, 2009. Disponível em: <www.isaca.org>. Acesso em: 5 set. 2010.

JILOVEC, N. *EDI, UCCnet & RFID*: synchronizing the supply chain. Loveland: 29th Street Press, 2004.

JOIA, Luiz Antonio. *Reengenharia e tecnologia da informação*: o paradigma do camaleão. São Paulo: Pioneira, 1994.

______. Sources of resistance to G2G endeavors: evidence from a case study in the Brazilian context. *Information Technology for Development*, v. 13, n. 3, 2007.

______; VREULS, E. Critical competencies for the Brazilian CIO. In: SIXTEENTH AMERICAS CONFERENCE ON INFORMATION SYSTEMS. *Proceedings*. Lima, Peru, 12-15 Aug. 2010.

JOSHI, K. A model of users' perspective on change: the case of information systems technology implementation. *MIS Quarterly*, v. 15, n. 2, 1991.

KAPLAN, R. S.; NORTON, D. P. *Organização orientada para a estratégia*. Rio de Janeiro: Campus, 2001.

KLING, R. Social analyses of computing: theoretical perspectives in recent empirical research. *Computing Surveys*, v. 12, n. 1, 1980.

LAPOINTE, L.; RIVARD, S. A multilevel model of resistance to information technology implementation. *MIS Quarterly*, v. 29, n. 3, 2005.

LEE, H.; FARHOOMAND, A.; HO, P. Innovation through supply chain reconfiguration. *MIS Quarterly Executive*, v. 3, n. 3, p. 131-142, 2004.

LOWENTHAL, R. *Brasil*: showcase de competência em e-business. São Paulo: M. Books do Brasil, 2005.

LUFTMAN, J. Assessing business-IT alignment maturity. *Communications of the Association for Information Systems*, v. 4, n. 14, 2000.

MALONE, T. W.; YATES, J.; BENJAMIN, R. I. Electronic markets and electronic hierarchies. *Communications of the ACM*, v. 30, June 1987.

MARAKAS, G.; HORNIK, S. Passive resistance misuse: overt support and covert recalcitrance in IS implementation. *European Journal of Information Systems*, v. 5, n. 3, 1996.

MARKUS, M. Lynne. Power, politics, and MIS implementation. *Communications of the ACM*, v. 26, n. 6, 1983.

MARTINKO, M. J.; HENRY, J. W.; ZMUD, R. W. An attributional explanation of individual resistance to the introduction of information technologies in the workplace. *Behaviour & Information Technology*, v. 15, n. 5, 1996.

MICROSOFT. *Sales force automation*. [s.d.]. Disponível em: <http://crm.dynamics.com/pt-br/sale>. Acesso em: 13 out. 2010.

MINTZBERG, H.; AHLSTRAND, B.; LAMPEL, J. *Safári de estratégia*. Porto Alegre: Bookman, 2000.

MORGAN, Gareth. *Images of organization*. Thousand Oaks, CA: Sage, 1998.

MURRAY, A. *The Wall Street Journal essential guide to management*. New York: Harper Collins, 2010.

NOLAN, Richard. Managing the computer resource: a stage hypothesis. *Communications of the ACM*, v. 16, n. 7, p. 399-405, July 1973.

OFFICE OF GOVERNMENT COMMERCE (OGC). *Itil v3*. [2007]. Disponível em: <www.itil-officialsite.com/home/home.asp>. Acesso em: 10 out. 2011.

OLIVEIRA, A. F.; JOIA, L. A. Indicadores operacionais de *call centers* e satisfação dos clientes: uma investigação explano-exploratória. *Revista Eletrônica de Sistemas de Informação*, v. 8, n. 2, 2009. Disponível em: <http://revistas.facecla.com.br/index.php/reinfo>. Acesso em: out. 2011.

ORLIKOWSKI, W. J.; ROBEY, D. Information technology and the structuring of organizations. *Information Systems Research*, v. 2, n. 2, 1991.

PENROSE, E. *The theory of the growth of the firm*. Oxford: Oxford University Press, 2009.

PEPPERS, D.; ROGERS, M. *One to one B2B*: customer development strategies for the business-to-business world. New York: Crown Business, 2001.

______; ______. *Managing customer relationships*: a strategic framework. Hoboken, NJ: John Wiley & Sons, 2011.

PERROW, Charles. *Complex organizations*: a critical essay. 3. ed. New York: McGraw-Hill, 1986.

PLUMMER, D. Gartner top predictions for 2011: IT's growing transparency and consumerization. *Gartner Inc.*, 2011. Disponível em: <www.gartner.com/it/content/1462300/1462334/december_15_top_predictions_for_2011_dplummer.pdf>. Acesso em: 19 set. 2011.

PMI (Project Management Institute). *Project Management Body of Knowledge (PMBOK® Guide)*, 2008. Disponível em: <www.pmi.org>. Acesso em: set. 2011.

PORTER, M. E. *The competitive advantage*: creating and sustaining superior performance. New York: Free Press, 1985.

______. Strategy and the internet. *Harvard Business Review*, p. 63-78, Mar. 2001.

______; MILLAR, Victor E. How information gives you competitive advantage. *Harvard Business Review*, p. 149-174, July/Aug. 1985.

RAINER, R. K.; TURBAN, E. *Introduction to information systems*: supporting and transforming business. 2. ed. Hoboken, NJ: John Wiley & Sons, 2009.

RAMOS, E. et al. *E-commerce*. Rio de Janeiro: FGV, 2011.

RANGEL, R. *Passado e futuro na era da informação*. Rio de Janeiro: Nova Fronteira, 1999.

ROCKART, J. F. Chief executives define their own data needs. *Harvard Business Review*, v. 57, n. 2, p. 81-92, Mar./Apr. 1979.

______; EARL, Michael J.; ROSS, J. W. Eight imperatives for the new IT organization. *Sloan Management Review*, v. 38, n. 1, p. 43-55, Fall 1996.

ROSS, J. W.; BEATH, C. M.; GOODHUE, D. L. Develop long-term competitiveness through IT assets. *Sloan Management Review*, v. 38, n. 1, p. 31-42, Fall 1996.

SCOTT, D.; PULTZ, J. E. The Current State of IT Infrastructure and Operations Maturity: Immature! *Gartner RAS Core Research Note G00167728*, Aug. 2009. Acesso em: 25 fev. 2012. Disponível em http://h20427.www2.hp.com/campaign/datacentre/pdf/The%20current%20state%20of%20IT%20Infrastructure.pdf.

SENGE, Peter M. *A quinta disciplina*. São Paulo: Best Seller, 1990.

SHAPIRO, C.; VARIAN, H. *A economia da informação*: como os princípios econômicos se aplicam à era da internet. Rio de Janeiro: Campus, 2003.

SMITH, Adam. *A riqueza das nações*. 1. ed. Rio de Janeiro: Martins Fontes, 2003.

SYMONS, C. The Balanced Scorecard for IT: user metrics. *Forrester Research*, 15 Mar. 2004a. Disponível em: <www.forrester.com>. Acesso em: 26 nov. 2010.

______. The IT Balanced Scorecard: operational excellence metrics. *Forrester Research*, April 12, 2004b. Disponível em: <www.forrester.com>. Acesso em: 26 nov. 2010.

______. The IT Balanced Scorecard: future orientation metrics. *Forrester Research*, May 26, 2004c. Disponível em: <www.forrester.com>. Acesso em: 26 nov. 2010.

______. The Balanced Scorecard for IT: value metrics. *Forrester Research*, November 15, 2004d. Disponível em: <www.forrester.com>. Acesso em: 26 nov. 2010.

TAPSCOTT, D. Rethinking strategy in a networked world (or why Michael Porter is wrong about the internet). *Strategy and Business*, n. 24, 2001.

TAYLOR, Frederick W. *Princípios da administração científica*. São Paulo: Atlas, 1995.

TURBAN, E. *Information technology for management*: transforming organizations in the digital economy. 6. ed. Hoboken, NJ: John Wiley & Sons, 2008.

______; VOLONINO, L. *Information technology for management*: improving performance in the digital economy. 7. ed. Hoboken, NJ: John Wiley & Sons, 2009.

UNISYS. *Unisys consumerization of IT*: benchmark study. [s.d.]. Disponível em: <http://blog.unisys.com/files/2010/06/10-0190-CIT-SUMMARY_web1.pdf>. Acesso em: 19 set. 2011.

WEIK, M. H. *The Eniac story*: Aberdeen Proving Ground, 1961. Disponível em: <http://ftp.arl.mil/~mike/comphist/eniac-story.html>. Acesso em: 7 out. 2010.

WESTERMAN, G.; HUNTER, R. *IT risk*: turning business threats into competitive advantage. Boston, MA: Harvard Business School Press, 2007. Disponível em: <www.gartner.com/5_about/news/gartner_press/Westerman_intro.pdf>. Acesso em: 19 set. 2011.

ZARRELLA, E.; UDHAS, P. Evolução estratégica: uma pesquisa global sobre *sourcing* na atualidade. *KPMG*, 2007. Disponível em: <www.kpmg.com.br/publicacoes/advisory/ras/irm/Pesquisa_Sourcing.pdf>. Acesso em: 26 nov. 2011.

Anexo

Planilha para avaliação do alinhamento estratégico de TI

Comunicação	
Compreensão do negócio pela área de TI	
1. Gerência de TI não consciente do negócio 2. Consciência limitada do negócio por parte da TI 3. Compreensão do negócio por parte do corpo gerencial de TI 4. Compreensão do negócio informada continuamente pelas gerências 5. Compreensão do negócio difundida em toda a TI	
Compreensão de TI pela área de negócio	
1. Gerência de negócio não consciente da TI 2. Consciência limitada da TI por parte do negócio 3. Consciência emergente da TI pelo negócio 4. Consciência do potencial da TI por parte do negócio 5. Compreensão da TI difundida por toda a área de negócio	

(continua)

Aprendizagem inter/intraorganizacional	
1. Casual, *ad hoc* 2. Informal (informativos internos, relatórios, e-mails em grupo) 3. Regular, clara 4. Unificada, integrada 5. Forte e estruturada	
Rigidez de protocolo	
1. Comando e controle 2. Limitadamente moderada 3. Emergentemente moderada 4. Moderada, informal 5. Informal	
Compartilhamento de conhecimento	
1. *Ad hoc* 2. Semiestruturado 3. Estruturado nos processos-chave 4. Institucionalizado 5. Abrangência além da organização	
Intermediações TI/negócio (eficiência/visão)	
1. Nenhuma ou *ad hoc* 2. Limitadas, baseadas na tática tecnológica 3. Formal, com encontros regulares 4. Integrada e eficiente em todos os níveis 5. Abrangência além da organização	
Total	
Maturidade em comunicação (total/6)	

(continua)

Métricas	
Métricas de TI	
1. Métricas técnicas não relacionadas ao negócio 2. Eficiência no custo 3. Avaliação financeira tradicional 4. Eficácia no custo 5. Extensível aos parceiros externos	
Métricas de negócio	
1. *Ad hoc*, não relacionadas com a TI 2. No nível da estrutura funcional da organização 3. Avaliação financeira tradicional 4. Baseadas no cliente 5. Extensível aos parceiros externos	
Relação entre as métricas de TI e negócio	
1. Métricas *ad hoc* não relacionadas 2. Métricas de negócio e de TI não relacionadas 3. Processo inicial de associação entre as métricas de negócio e de TI 4. Métricas de negócio e de TI relacionadas 5. Métricas de TI, negócio e parceiros integradas	
Acordos de nível de serviço	
1. Presentes esporadicamente 2. Técnicos, no nível funcional 3. Emergentes dentro da organização 4. Com a abrangência da organização 5. Estendidos a parceiros e fornecedores	

(continua)

Benchmarking	
1. Não praticado 2. Praticado informalmente 3. Focado em processos específicos 4. Executado e utilizado rotineiramente 5. Executado e utilizado rotineiramente incluindo parceiros	
Revisões e avaliações formais	
1. Nenhuma 2. Somente quando existe um problema 3. Formalidade emergente 4. Realizadas formalmente 5. Realizadas rotineiramente	
Práticas de melhoria contínua em TI	
1. Nenhuma 2. Mínima 3. Emergente 4. Frequente 5. Rotineira	
Total	
Maturidade em métricas (total/7)	
Governança	
Planejamento estratégico de negócio	
1. *Ad hoc* 2. Planejamento básico no nível funcional 3. Algum planejamento interorganizacional 4. Gerenciado ao longo da organização 5. Integrado interna e externamente à organização	

(continua)

Planejamento estratégico de TI	
1. *Ad hoc* 2. Planejamento tático funcional 3. Planejamento focado, algo interorganizacional 4. Gerenciado ao longo da organização 5. Integrado interna e externamente à organização	

Estrutura organizacional da TI	
1. Centralizada ou descentralizada, CIO se reporta ao CFO 2. Centralizada ou descentralizada, algo matricial, CIO se reporta ao CFO 3. Centralizada ou descentralizada, algo federada, CIO se reporta ao COO 4. Federada, CIO se reporta ao COO 5. Federada, CIO se reporta ao CEO	

Controle orçamentário	
1. Centro de custos, gastos erráticos 2. Centro de custos pela organização funcional 3. Centros de custo, alguns projetos são tratados como investimentos 4. Centro de investimento 5. Centro de investimento; centro de lucro	

Gestão dos investimentos de TI	
1. Baseada em custos, gastos erráticos 2. Baseada em custos; foco em operação e manutenção 3. Tradicional; viabilizadora de processos 4. Eficiência de custos; direcionadora de processos 5. Valor para o negócio; estendida aos parceiros de negócio	

(continua)

Comitê executivo de TI	
1. Informal/irregular 2. Comunicação periódica organizada 3. Comunicação regular e clara 4. Comitês formais e eficazes 5. Estabelecimento de parceria	
Priorização de projetos	
1. Reativa 2. Eventualmente responsiva 3. Normalmente responsiva 4. Avaliação de valor agregado, responsiva 5. Avaliação de valor agregado, parceria	
Total	
Maturidade em governança (total/7)	
Parceria	
Percepção do valor de TI pelo negócio	
1. TI percebida como custo do negócio 2. TI começando a ser considerada ativo 3. TI vista como ativo 4. TI como parte da estratégia do negócio 5. TI e negócio coadaptativos	
Participação da TI no planejamento estratégico do negócio	
1. Sem participação 2. Viabilizadora de processos de negócio 3. Direcionadora de processos de negócio 4. Viabilizadora/direcionadora da estratégia do negócio 5. TI e negócio coadaptativos	

(continua)

Compartilhamento de riscos e resultados	
1. TI se arrisca sem recompensa 2. TI fica com a maior parte do risco e sem recompensa 3. Tolerância a riscos, TI recebe alguma recompensa 4. Aceitação do risco e compartilhamento de recompensas 5. Compartilhamento de riscos e de recompensas	
Gestão da programação da TI	
1. *Ad hoc* 2. Padrões definidos 3. Padrões obedecidos 4. Padrões evolutivos 5. Melhoria contínua	
Estilo de relacionamento e confiança	
1. Conflituoso, mínimo 2. Basicamente transacional 3. TI emergente como provedora de serviços 4. TI provedora de serviços 5. TI como parceira	
Patrocínio de TI pelo negócio	
1. Nenhum 2. Limitado à parte da organização funcional 3. Abrangente na organização funcional 4. No nível da diretoria 5. No nível do CEO	
Total	
Maturidade em parceria (total/6)	

(continua)

Escopo e arquitetura	
Característica geral	
1. Tradicional (sistemas administrativos, *e-mailing*) 2. Sistemas transacionais (ESS, DSS) 3. Escopo se expandiu (viabilizadora de processos de negócio) 4. Escopo se expandiu (direcionadora de processos de negócio) 5. Escopo externo (viabilizadora e direcionadora)	
Nível de padronização arquitetural	
1. Nenhum ou *ad hoc* 2. Padrões definidos 3. Emergência de padrões corporativos 4. Estabelecimento de padrões corporativos 5. Padrões internos e externos	
Integração arquitetural funcional	
1. Sem integração 2. Tentativas iniciais de integração 3. Integração na organização 4. Integração com parceiros 5. Evolução com parceiros	
Integração arquitetural da organização	
1. Sem integração 2. Tentativas iniciais de integração 3. Integração na organização 4. Integração com parceiros 5. Evolução com parceiros	
Integração arquitetural extraorganizacional	
1. Sem integração 2. Testes de conceito iniciais	

(continua)

3. Emergente, com parceiros-chave 4. Integração, com parceiros-chave 5. Evolutiva com todos os parceiros	
Flexibilidade e transparência arquitetural	
1. Nenhuma 2. Limitada 3. Focada em comunicações 4. Gestão de tecnologia emergente 5. Presente em toda a infraestrutura tecnológica	
Total	
Maturidade em escopo e arquitetura (total/6)	
Habilidades	
Empreendedorismo e inovação	
1. Desencorajados 2. Dependentes da organização funcional 3. Tolerantes a risco 4. Permitidos às gerências de TI e a parceiros 5. Norma institucional	
Foco do poder	
1. No negócio 2. Na organização funcional 3. Emergente em pontos isolados da organização 4. Existente ao longo da organização 5. Todos os executivos, inclusive TI e parceiros	

(continua)

Estilo gerencial	
1. Comando e controle 2. Baseado em consenso 3. Baseado em resultados 4. Baseado em lucro/geração de valor 5. Baseado no relacionamento	
Capacidade de mudança	
1. Resistente a mudança 2. Dependente da organização funcional 3. Necessidades de mudança reconhecidas 4. Alta, focada, processo 5. Alta, focada, institucionalizada	
Intercâmbio na carreira profissional	
1. Nenhum 2. Mínimo 3. Dependente da organização funcional 4. Ao longo da organização funcional 5. Ao longo da organização	
Treinamento, capacitação	
1. Nenhum 2. Mínimo 3. Dependente da organização funcional 4. Ao longo da organização funcional 5. Ao longo da organização	
Ambiente sociopolítico	
1. Mínimo 2. Basicamente transacional 3. Provedor de serviços ainda emergentes	

(continua)

4. Provedor de serviços agregadores de valor 5. Parceiro agregador de valor	
Total	
Maturidade em habilidades (total/7)	
Maturidade global média	

Fonte: Adaptado de Luftman (2000).

Os autores

Luiz Antonio Joia

Doutor em ciências em engenharia de produção pela Coppe/UFRJ, mestre em ciências em engenharia civil pela Coppe/UFRJ e engenheiro de fortificação e construção pelo Instituto Militar de Engenharia (IME). É M.Sc. em *management studies* pela Oxford University e possui pós-graduação em economia teórica e aplicada pela EPGE/FGV. É professor adjunto da Ebape/FGV e da Uerj. Foi executivo da Promon Engenharia, Trend Tecnologia Educacional e consultor do Banco Mundial.

André Antunes Nogueira da Silva

Especialista em administração de empresas pela Ebape/FGV com curso de extensão em empreendedorismo pela Harvard Business School, engenheiro de computação pela PUC-Rio. Fundador e pró-reitor executivo do Instituto Infnet, onde também é professor. Professor convidado do FGV Management. Fundador de um dos primeiros provedores internet no Brasil e de um dos primeiros portais de carreira na área de TI. Em 2002, foi reconhecido como empreendedor *endeavor* e recebeu o prêmio Empreendedores do Novo Brasil, da revista *Você S/A*.

Cid Carvalho Miranda Junior

Mestre em informática pela PUC-Rio e engenheiro eletrônico pela UFRJ. Foi professor da graduação da PUC-Rio; é professor de administração de sistemas de informação da Ebape/FGV e professor convidado do FGV Management desde 1999. Desempenhou diversas funções gerenciais em empresas de médio e grande porte de 1975 a 1993, a partir de quando passou a exercer funções de consultoria.

Eduardo Augusto de Andrade Ramos

Doutor em administração pela Ebape/FGV, mestre em economia pela EPGE/FGV, bacharel em economia pela PUC-Rio, com especialização e vários cursos de extensão em TI. É professor convidado do FGV Management desde 1999. Fundador e reitor do Instituto Infnet. Em 2002, recebeu o prêmio Empreendedores do Novo Brasil, da revista *Você S/A*.